JETZT REICHT'S MIR!

BARBARA BERCKHAN

JETZT REICHT'S MIR!

Wie Sie Kritik austeilen und einstecken können

Weltbild

Genehmigte Lizenzausgabe für Verlagsgruppe Weltbild GmbH,
Steinerne Furt, 86167 Augsburg

Umschlaggestaltung: Atelier Seidel, Verlagsgrafik – Maria Seidel, Teising
Illustrationen: Matthias Hütter, Schwäbisch Gmünd
Gesamtherstellung: GGP Media GmbH, Pößneck
Printed in the EU
978-3-8289-5436-6

2014 2013 2012
Die letzte Jahreszahl gibt die aktuelle Lizenzausgabe an.

Einkaufen im Internet:
www.weltbild.de

Inhalt

Einleitung

Im Beruf und auch im Privatleben kommen wir nicht drum herum, anderen zu sagen, was uns stört. Und umgekehrt können wir es nicht immer vermeiden, dass wir selbst zum Störfall für andere werden. In meiner Arbeit als Kommunikationstrainerin erlebe ich häufig, dass das Thema Kritik für viele ein schwieriger Brocken ist. Da wird wochenlang, ja manchmal sogar jahrelang die Kritik runtergeschluckt und dann kommt der große Knall, der alles zerstört. Scheidung, Kündigung, Aus und Ende. Oder man möchte sich am liebsten die Ohren zuhalten, weil ständig nur gejammert und gemeckert wird. Oder statt sachlich zu sagen, was einen stört, gibt es nur bissige Bemerkungen. Und statt sich eine Kritik einfach nur in Ruhe anzuhören, wird sofort unterbrochen und gleich zurückgeschossen. Nicht selten endet der Versuch, ein Kritikgespräch zu führen, im Streit.

Aber das alles muss nicht so ablaufen.

Ich möchte Ihnen in diesem Buch zeigen, wie Sie souverän und gelassen anderen Menschen sagen können, was Sie stört. Und wie Sie umgekehrt die Kritik Ihrer Mitmenschen ruhig aufnehmen und verarbeiten können.

Dabei gehe ich auf alles ein, was dieses Thema scheinbar so schwer macht. Hier erfahren Sie etwas über den Mut, das Negative anzusprechen, über die richtige Wortwahl und über den Umgang mit Ärger und Frustration. Ich zeige Ihnen, wie

Sie mit den Unsachlichkeiten und Sticheleien von anderen Leuten fertig werden. Und wie Sie überempfindlichen Menschen ein sanftes und vorsichtiges Feedback geben können.
Wie in allen meinen Büchern gehe ich wieder sehr praktisch vor. Sie finden viele Schritt-für-Schritt-Strategien, die Ihnen zeigen, wie Sie die Tipps aus diesem Buch umsetzen können. Natürlich sind das alles nur Anregungen für Sie. Diese Anregungen können Ihnen helfen, Ihren eigenen Stil zu finden, Ihre ganz persönliche Art, mit der Sie Kritik sowohl aussprechen als auch aufnehmen. Lassen Sie sich inspirieren, den für Sie passenden Stil zu finden. Dabei wünsche ich Ihnen viel Spaß!
Bevor Sie beginnen, möchte ich Ihnen gerne die von mir verwendeten Symbole erklären:

Warnung! Dieses Symbol bedeutet: Streitgefahr

Mein Tipp. Dieses Symbol bedeutet: Ja, das klappt

Wichtige Frage. Dieses Symbol bedeutet: Denken Sie mal darüber nach

Werkzeug. Dieses Symbol bedeutet: Strategie für den Umgang mit sich selbst

Gesprächsstrategie. Dieses Symbol bedeutet: So können Sie das Gespräch führen

ERSTER TEIL

Kritik AUSTEILEN

Mund zu, Augen zu und aushalten

Ja, das ist etwas, das Sie womöglich stört. Etwas, das Sie nervt. Ich meine jetzt nicht die große Weltpolitik, das Abschmelzen der Polkappen oder das derzeitige Zinsniveau. Ich meine mehr die Störungen in Ihrer unmittelbaren Umgebung. Zum Beispiel die ohrenbetäubende Musik, die aus dem Zimmer Ihrer fünfzehnjährigen Tochter kommt. Das Meeting in der Firma, auf dem nur langatmige Selbstdarstellungen produziert werden. Die Nachbarin, die sich über den Kinderwagen im Hausflur aufregt. Die falschen Beschuldigungen gegen Sie, die ein Kollege in Umlauf gebracht hat.
Diese Art von Störungen meine ich. Das sind die Dinge, die

uns direkt passieren, die uns nerven und auf die wir auch direkt reagieren können. Wie viele von diesen Kröten schlucken Sie so durchschnittlich im Monat? Grob geschätzt? Wie oft nehmen Sie eine Störung einfach hin, statt sich dagegen zu wehren?

Das Runterschlucken von solchen Störungen hat einige Risiken und Nebenwirkungen. Die größte Nebenwirkung besteht darin, dass sich nichts ändert, solange Sie die Sache nicht ansprechen. Ihr Schweigen wirkt auf Ihre Mitmenschen so, als würden Sie zu den Störungen Ja sagen. Wer nicht widerspricht, ist einverstanden. Und bitte sagen Sie jetzt nicht, die anderen müssten doch wissen oder merken oder ahnen, dass Sie sich gestört fühlen. Nein, Ihre Mitmenschen wissen nicht, was bei Ihnen los ist, solange Sie nicht darüber reden. Die Leute können Ihre Gedanken nicht lesen.

Gut, vielleicht machen Sie hin und wieder ein paar Andeutungen. Sie verdrehen die Augen und stöhnen genervt auf. Sie grummeln vor sich hin oder knallen mit der Tür. Aber das alles sind nur Andeutungen. Es sind keine Aussprachen.

Mein Tipp

Verwandeln Sie Ihre vage, indirekte Kritik in eine direkte Bitte. Bitten Sie Ihr Gegenüber mit freundlichen Worten darum, Ihnen entgegenzukommen oder Ihnen einen Gefallen zu tun.

Die vagen Andeutungen kann man prima ignorieren. Und wahrscheinlich tun Ihre Mitmenschen das auch. Wer nicht deutlich sagt, was ihn stört, wird nicht gehört und auch nicht verstanden.

Solange Sie Ihren Unmut einfach runterschlucken und eine Störung nicht ansprechen, gehen Sie ein persönliches Risiko ein. Sie riskieren Ihre Gesundheit. Der runtergeschluckte Unmut zerfrisst Sie. Jede nicht ausgesprochene Beschwerde bleibt in Ihnen stecken und beschwert Sie von innen her. Sie ist wie ein kleiner Stein im Schuh. Eine Mini-Anspannung, mit der Sie herumlaufen. Jede Kröte, die Sie schlucken, ist gespeicherter Stress. Schlucken Sie viele Kröten in Ihrem Alltag? Dann laufen Sie mit viel gespeichertem Stress herum.

Warnung

Es besteht die Gefahr, dass Sie körperlich und seelisch krank werden, wenn Sie ständig Ihren Frust und Ihren Unmut runterschlucken.

Sie können sehr viel leichter und innerlich ruhiger leben, wenn Sie die Störungen dort klären, wo sie entstanden sind. Den Unmut nicht einlagern, sondern nach Lösungen suchen, die die Situationen verbessern. Selbst wenn Sie es nicht schaffen, alle Frustrationen in Ihrem Alltag zu beseitigen, das Ansprechen dieser Störungen entlastet Sie. Sie drücken das aus, was Sie nervt, statt innerlich alles aufzustauen. Ausdrücken statt aufstauen – dadurch verhindern Sie chronischen Stress. Allein das Ausdrücken von dem, was Sie stört, ist bereits ein Erfolg für Sie.

Drei gute Gründe für eine Rückmeldung

1. Sie zeigen Ihren Mitmenschen, was mit Ihnen los ist. Die anderen können auf Sie nur Rücksicht nehmen, wenn Sie deutlich sagen, was Sie stört.
2. Sie sind ein gutes Vorbild und zeigen den anderen, dass es vollkommen in Ordnung ist, über etwas Störendes zu sprechen. Damit signalisieren Sie, wie wichtig Ihnen Ehrlichkeit ist.
3. Ihre Kritikfähigkeit sorgt dafür, dass Sie reibungsloser mit anderen Menschen leben und arbeiten können. Sie verhindern damit viele sinnlose Streitereien, die immer dann entstehen, wenn eine brauchbare Kritik-Kultur fehlt.

Ohne Ihre Rückmeldungen vertrocknen Ihre Beziehungen. Nicht nur Ihre Gesundheit leidet unter den geschluckten Kröten. Auch Ihre Beziehungen zu Ihren Mitmenschen verschlechtern sich, solange Sie alles in sich reinfressen. Wenn ich das Wort Beziehung benutze, dann meine ich nicht nur die Liebesbeziehung zu Ihrem Partner oder Ihrer Partnerin. Es geht um alle Ihre Beziehungen. Die zu Ihren Kindern, zu Ihren Eltern, zu Ihren Kollegen und Kunden, zu Ihren Nachbarn und Freunden. In jeder dieser Beziehungen ist es wichtig, dass Sie vollständig anwesend sind. Und zur Vollständigkeit gehört auch, dass Sie Ihrem Gegenüber zeigen, was Sie mögen und was Sie nicht mögen. Ihr Gegenüber braucht diese Informationen von Ihnen, um mit Ihnen klarzukommen. Umgekehrt gilt das natürlich auch. Damit Sie mit Ihrem Gegenüber klarkommen, ist es wichtig, dass Sie wissen, was der andere mag und was ihn stört. Wenn Menschen darüber nicht mehr reden, stirbt die Beziehung.

Mein Tipp

So bringen Sie wieder Leben in eine vertrocknete Beziehung: Reden Sie mit Ihrem Gegenüber über alles, was unter den Teppich gekehrt wurde. Jeder darf sagen, was ihn stört und was er sich stattdessen wünscht.

Bevor eine Beziehung stirbt, gibt es eine Phase, in der sie langsam vertrocknet. Das sieht man von außen oft nicht. Noch scheint alles in Ordnung zu sein. Alle Beteiligten sind nett und höflich. Aber innerlich hat bereits jeder aus seinem Herzen eine kleine Mördergrube gemacht. Die unausgesprochenen Störungen gären dort leise vor sich hin. Wird das Störende jetzt immer noch nicht auf den Tisch gepackt und geklärt, verdorrt die Beziehung immer weiter. Entweder stirbt sie leise, weil keiner mehr mit dem anderen richtig redet, oder sie endet mit einem lauten Knall, bei dem das Aufgestaute explodiert.

In gut funktionierenden Beziehungen, ob nun privat oder beruflich, geben sich die Beteiligten gegenseitig Rückmeldungen. Das, was stört, kommt auf den Tisch, ebenso wie das, was gut läuft. Keiner muss Kröten schlucken. Die Beziehung ist auf dem Laufenden, weil jeder der Beteiligten mit dem anwesend ist, was ihn ausmacht. Mit seinem Ja und seinem Nein. Mit dem, was er mag und was er nicht mag. Keiner macht aus seinem Herzen eine Mördergrube.

Meckern, motzen, maulen – die impotente Kritik

Zuerst die gute Nachricht: Wenn Sie sich dabei ertappen, dass Sie herumnörgeln oder meckern, ist das ein gutes Zeichen. Sie nehmen eine Störung wahr. Irgendetwas nervt oder ärgert Sie. So weit, so gut. Indem Sie meckern und nörgeln, zeigen Sie, dass Sie unzufrieden sind.
Jetzt die nicht ganz so gute Nachricht: Leider haben Sie eine machtlose Ausdrucksform gewählt. Lassen Sie uns diese machtlose Form der Kritik einmal genauer betrachten.
Sie als Leserin bzw. Leser dieses Buches werden vermutlich das Nörgeln und Meckern eher ablehnen. Die meisten Menschen, die Bücher wie dieses hier lesen, sind bereits sehr gut über Kommunikation informiert. Viele sind selbst Experten und mit allen psychologischen Wassern gewaschen. Auch die Leser/innen meiner Bücher gehören zu den Leuten, die auf gute Kommunikation sehr viel Wert legen. Also stehen die Chancen gut, dass Sie bereits wissen, dass das bloße Meckern nichts bringt.

Wichtige Frage

? Könnten Sie ab jetzt darauf verzichten, jemals wieder zu meckern, zu jammern oder sich zu beklagen?

Lassen Sie uns einen Moment lang ganz ehrlich sein. In uns allen steckt ein kleiner Nörgler, der unser geistiges Oberstübchen von Zeit zu Zeit mit seinen Schimpftiraden überflutet. Wir alle kennen den Impuls, uns über Gott und die Welt zu beklagen und genau das tun wir – vielleicht nur in Gedanken. Unter uns: Mal so richtig vom Leder zu ziehen und lauthals herummeckern – hat das nicht etwas Befreiendes? Sich einfach jemanden schnappen, dem man die Ohren vollquaken kann oder im vertrauten Kreis von Gleichgesinnten ein gemeinsames Motz-Konzert anstimmen. Geschimpft wird natürlich nur über die Dinge, die weder Sie noch Ihre Mecker-Partner zu verantworten haben.

Den ganzen Frust runternörgeln und herrlich bittere Sätze anfangen mit den Worten: »Ist es nicht schrecklich, dass schon wieder ...?« »Das ist unmöglich! Wie können die nur ...« »Ich fass es nicht! Da hat der Meier aus dem dritten Stock doch glatt ...«

Nörgeln, um Dampf abzulassen. Sich den ganzen Frust aus der Seele herausschimpfen. Und dabei das ganze Positiv-Denken einfach mal in den Wind schießen.

Ja, für einen Augenblick fühlt man sich stark. Und es gibt einem so richtig Kraft, wenn der Motz-Partner derselben Meinung ist. Viele Bekanntschaften und Freundschaften leben genau davon: Es wird gemeinsam genörgelt und man gibt sich gegenseitig recht. Ja, man ist sich einig im gemeinsamen Widerstand gegen das Dumme, Dreckige und Dekadente.

Wenn Sie das nächste Mal beim Nörgeln und Meckern genau aufpassen, können Sie es merken: Da ist dieses Gefühl von Überlegenheit.

Während wir über andere Menschen abfällig urteilen, fühlen wir uns edel und abgeklärt. Wir durchschauen das Schändliche, nennen es beim Namen und wollen damit zeigen, dass wir selbst besser sind.

Wichtige Frage

? Wenn Sie sich das nächste Mal beim Nörgeln, Schimpfen oder Meckern ertappen, stellen Sie sich folgende Frage: Wäre ich bereit zu handeln, statt nur zu schimpfen? Könnte ich die Sache anpacken und mich tatsächlich für eine Verbesserung einsetzen?

Mit unserem Nörgeln erheben wir uns moralisch über das, was wir beschimpfen. Wir sind besser als die blöden Leute, die uns nerven. Besser als die unfähigen Manager, besser als die Politiker und Behördenmenschen. Wir sind auch besser als das Fernsehen mit seinen dummen Programmen.
Als Nörgler und Meckerer wissen wir insgeheim, dass wir mit unserem Schimpfen nichts ändern. Das wollen wir auch nicht. Wir wollen uns nur einen Augenblick lang besser fühlen. Es sei uns gegönnt.

Vom Mut, die Störungen tatsächlich anzusprechen

In diesem Buch geht es nicht ums bloße Dampfablassen. Es geht um wirkliche Veränderungen. Es geht darum, wie Sie das Krötenschlucken beenden können und zwar mithilfe guter Kommunikation.
Um tatsächlich etwas zu verändern, brauchen Sie eine Sache, die beim bloßen Nörgeln und Meckern keine Rolle spielt: Sie brauchen Courage. Das ist der Mut, die Dinge tatsächlich anzupacken. Also statt sich bei Ihren Freunden über Ihre lauten Nachbarn zu beklagen, tatsächlich auf diese Nachbarn zuzugehen und mit ihnen zu reden. Statt nur Zu Hause am Esstisch über den ungerechten Chef zu schimpfen, den Chef in der Firma anzusprechen und ihm direkt zu sagen, was Sie ungerecht finden. Statt sich nur über den neuen Klassenlehrer Ihrer kleinen Tochter zu ärgern, mit dem Lehrer einen Termin auszumachen und die Sache mit ihm zu besprechen.
Ja, ein solches Gespräch zu führen, erfordert Mut und ein gewisses Know-how. Wobei Sie automatisch mutiger werden,

wenn Sie wissen, wie Sie einen Kritikpunkt direkt ansprechen können, ohne dass daraus gleich ein Streit, eine Kündigung oder eine Ehescheidung wird.

Strategie: Weg von der Störung und hin zur Lösung

Hier kommt eine Strategie, die das Ziel hat, Sie buchstäblich auf andere Gedanken zu bringen. Sie hören auf, sich nur auf das Störende zu fixieren. Stattdessen gehen Sie in Gedanken weg von dem Problem und hin zu einer Lösung.

Stellen Sie fest, was Sie in Ihrem Umfeld stört. Notieren Sie hier (oder nur in Gedanken) drei konkrete Dinge, die Sie in Ihrem Job oder in Ihrem Privatleben stören.

1.
2.
3.

Bleiben Sie nicht bei den drei Problemen stehen. Schauen Sie auch auf die Lösung.

Was müsste passieren, damit die jeweilige Störung Sie nicht mehr allzu sehr stört? Durch welche kleine Änderung wären Sie ein wenig zufriedener? Notieren Sie für jede der drei Störungen eine kleine, minimale Änderung, die Sie etwas zufriedener machen würde.

1.
2.
3.

Wer ist Ihr Ansprechpartner für diese Störung? Wen könnten Sie um eine Änderung bitten?

Notieren Sie für jede der drei Änderungen jemanden, mit dem Sie darüber reden könnten.

1.
2.
3.

Überlegen Sie, was Sie gleich tun könnten, um bei diesen drei Problemen einen kleinen Schritt weiterzukommen. Was könnten Sie sofort anpacken? Welche kleine Handlung würde Sie voranbringen? Notieren Sie zu jedem Problem eine winzige Tat, die Sie gleich ausführen können.

1.
2.
3.

Ihr Mut, eine Störung tatsächlich anzupacken, wächst, wenn in Ihrem Denken mehr Platz für eine mögliche Lösung ist. Je mehr Sie innerlich davon ausgehen, dass sich die Sache bereinigen oder verbessern lässt, desto eher handeln Sie auch. Indem Sie sich fragen, wie eine Verbesserung aussehen könnte, bringen Sie Ihr Denken in eine konstruktive Richtung. Hier tun sich neue Möglichkeiten auf, die beim bloßen Meckern und Nörgeln nicht gesehen werden.

Der Nörgler und die Meckerziege

Die Grundeinstellung des Nörglers und der Meckerziege

Alles ist schlecht, so wie es ist. Die ganze Welt ist *fehlerhaft* und unvollkommen. Aber am unvollkommensten und am fehlerhaftesten sind die Menschen auf dieser Welt. Mit dieser

Einstellung achten Nörgler und Meckerziegen ständig auf alles, was nicht in Ordnung ist. Und sie werden nicht müde, darüber zu reden. Das Nörgeln und Meckern gibt ihnen das Gefühl, sie selbst wären besser als das, worüber sie schimpfen.

Die Körpersprache des Nörglers und der Meckerziege
Die Mundwinkel sind leicht heruntergezogen und geben dem Gesicht einen verbissenen Ausdruck. Ein verächtliches Kopfschütteln gehört dazu. Die Haltung ist angespannt. Es wird gern im wütenden Stechschritt marschiert. Die Hände sind verkrampft, oft auch zu einer Faust geballt. Hin und wieder wird der Zeigefinger mahnend ausgestreckt.

So reden der Nörgler und die Meckerziege
»Ist es nicht schlimm, dass es Leute gibt, die ihr Auto einfach direkt vor der Tür parken statt hinten auf dem Parkplatz? Die sind so faul, die gehen nicht einmal einen Meter zu Fuß.«
»Das ist doch eine glatte Unverschämtheit! Wie kann man nur sein dreckiges Geschirr einfach auf dem Geschirrspüler stehen lassen? Wenn das jeder machen würde, hätten wir hier das totale Chaos.«
»Schauen Sie sich diese Unordnung an. Und manche Leute scheint das gar nicht zu stören. Da kann man reden und reden, aber niemand rührt einen Finger. Ich weiß nicht, wo das noch hinführen soll.«
»Wenn ich eines nicht verstehen kann, dann sind das Hundebesitzer, die ihren Hund nicht im Griff haben. Solchen Leuten sollte man es verbieten, einen Hund zu halten.«
»Wie kann man sich nur so viele Kinder anschaffen? Haben diese Leute noch nie was von Geburtenkontrolle ge-

hört? Und wie die Kinder herumlaufen! Das grenzt ja schon an Verwahrlosung. Den Eltern scheint das alles egal zu sein. Die sind ja auch mit der Erziehung völlig überfordert. Und die Kinder tanzen ihnen auf der Nase herum.«

Wie Sie mit einem Nörgler oder einer Meckerziege am besten umgehen

Klären Sie zuerst die Frage, ob das Nörgelthema Sie selbst betrifft. Geht es um etwas, was Sie getan haben? Ist das Ihr Dreck, Ihre Unordnung, sind das Ihre Kinder oder Hunde, über die der Nörgler schimpft? Wenn ja, dann fordern Sie eine klare, brauchbare Rückmeldung an mithilfe dieser Fragen: »Was möchtest du mir mitteilen?«, »Was möchten Sie mir sagen? « oder »Was sollte ich Ihrer Meinung nach tun?« Mit Ihrer konkreten Frage bringen Sie das Gespräch auf eine konstruktive Ebene und machen es damit dem Nörgler oder der Meckertante schwer, die Nörgel-Litanei weiter abzuspulen.

Wenn die Nörgelei nichts mit Ihnen zu tun hat, müssen Sie nicht darauf reagieren. Am meisten Energie sparen Sie, wenn Sie das Gemecker ignorieren. Lassen Sie den anderen ausreden, ohne etwas dazu zu sagen. Sie können natürlich auch das Thema wechseln: »Ach, übrigens, dabei fällt mir etwas ganz anderes ein. Und zwar ...« Und dann kommt etwas, worüber Sie viel lieber reden.

Wann ist es sinnvoll, über das Störende zu reden?

Vielleicht haben Sie eine Liste mit siebenunddreißig Kritikpunkten in Ihrer Schublade. Und *alle* Punkte betreffen Ihren Kollegen, mit dem Sie in einem Büroraum sitzen. Sollen Sie nun alle siebenunddreißig Punkte mit ihm besprechen? Auch die Sache mit seinen Grunzgeräuschen, die er macht, wenn er am Computer arbeitet? Müssen Sie jede Kleinigkeit besprechen, die Sie stört?

- Wie ist es mit Ihrem Schwager, der bis heute die Schlagbohrmaschine nicht zurückgebracht hat, die er sich vor einem Jahr ausgeliehen hat? Sollten Sie Ihren Schwager jetzt zu einem ernsten Gespräch vorladen? Oder noch ein Jahr warten, in der Hoffnung, dass er eines Tages mit der Bohrmaschine vor Ihrer Tür steht?
- Müssen Sie Ihren Schatz jedes Mal kritisieren, wenn er sich im Wohnzimmer seine Fußnägel abknipst?
- Müssen Sie Ihrer Nachbarin unbedingt sagen, dass ihr selbst getöpfertes Türschild furchtbar hässlich ist?
- Müssen Sie Ihrem Chef eine kritische Rückmeldung geben, weil der sich auf den Meetings immer den Keksteller schnappt und ihnen alles wegfuttert?

Schlicht gefragt: Müssen Sie wirklich *alles* kritisieren, was Sie nervt oder Ihnen unangenehm auffällt?

Die letzte Frage ist natürlich falsch gestellt – wegen des Wortes *müssen*. Sie *müssen* nichts. Sie müssen niemanden kritisieren. Es gibt keinen Zwang und keine Vorschriften. Ein Feedback oder eine Kritik ist eine freiwillige Angelegenheit.

Um die Wahrheit zu sagen: Eine kritische Rückmeldung ist

echte Arbeit. Eine Arbeit, die manchmal auch etwas anstrengend sein kann. Sie sagen Ihrem Gegenüber im sachlichen Tonfall, ganz präzise, was Sie nicht mögen, und bieten vielleicht auch noch Lösungen oder Alternativen an. Allein diese ruhige Sprechweise kann Sie schon enorm viel Kraft kosten, besonders wenn Sie lieber ein paar Tassen gegen die Wand werfen möchten. Und dann noch Ihre überlegte Wortwahl, also das Reden, ohne den anderen anzugreifen. Das verlangt eine gewisse Beherrschung. Ja, indem Sie anderen Menschen sagen, was Sie stört, erbringen Sie eine echte Leistung.
Dennoch bleibt die Frage, wann es sinnvoll ist, sich anzustrengen und eine kritische Rückmeldung abzuliefern und wann nicht?
Fangen wir mit der Kritik an, die Sie sich sparen können.

Halten Sie sich aus den Angelegenheiten anderer Leute raus

Es gibt einen großen Bereich in Ihrem Alltag, in dem Ihr Feedback überflüssig ist. Und das sind die Angelegenheiten anderer Leute. Aus den Angelegenheiten Ihrer Mitmenschen können Sie sich getrost raushalten. Alles, was eindeutig in den Zuständigkeitsbereich der anderen gehört, geht Sie nichts an.
Wie sich beispielsweise Ihr Schatz den Käse aufs Brot legt, geht Sie prinzipiell nichts an. Ich weiß, nach zwanzig Ehejahren kann es einen wahnsinnig machen, jeden Morgen mit ansehen zu müssen, wie der Ehepartner die Käsescheiben turmhoch aufs Brot legt und dann noch Marmelade obendrauf streicht. Aber dieser Mensch ist erwachsen und deshalb geht Sie sein Käsebrot nichts an.

Ob Ihre Kollegin eine kreischende Lache hat, geht Sie auch nichts an.
Auch die Tatsache, dass Ihre Eltern mit einem befreundeten Ehepaar regelmäßig Strip-Poker spielen, geht Sie nichts an.
Irgendwann geht es Sie auch nichts mehr an, wie sich Ihr Sohn oder Ihre Tochter kleidet und welche Musik sie hören.
Und dass sich Ihr bester Freund Brustmuskelimplantate einsetzen lassen will, um eine noch männlichere Brust zu bekommen, ist auch nicht Ihre Angelegenheit.
Wenn Sie Ihr Leben wirklich vereinfachen und Ihre Seele entlasten wollen, dann heften Sie sich diesen Satz an den Badezimmerspiegel: *Die Angelegenheiten anderer Leute gehen mich nichts an.*
Atmen Sie aus und erlauben Sie Ihren Mitmenschen, ihr eignes Leben zu leben. Das Leben der anderen müssen Sie weder kontrollieren noch korrigieren.
Ist das nicht eine große Erleichterung? Wieder ein dicker Punkt, den Sie von Ihrer Kritikliste streichen können.

Wichtige Frage

? Ab wann gehen die Angelegenheiten Ihrer Mitmenschen Sie doch etwas an?

Akzeptieren Sie das, was Sie nicht ändern können

Bei allem, was sich Ihrem Einfluss entzieht, können Sie ebenfalls auf eine Rückmeldung verzichten. Denn alles, was Sie nicht ändern können, braucht kein Feedback von Ihnen. Warum auch? Ihre Rückmeldung bewirkt nichts. Ich weiß, unter Umständen ist das für Sie eine harte Botschaft, deshalb sage

ich es hier noch einmal ganz deutlich: An manchen Dingen können sie nichts ändern. Ich denke dabei nicht nur ans Wetter. Ich denke vor allem an all die kleinen Ärgernisse, die Sie nicht beeinflussen können. Dazu gehört beispielsweise die derzeitige Mode. Oder die Parkgebühren in der Innenstadt. Oder die Preise für Rinderfilet. Damit wir uns nicht falsch verstehen: Das alles ist veränderbar. Und es wird sich vielleicht auch ändern. Aber nicht durch Ihre momentane Kritik. Nicht jetzt, indem Sie reden.
Sie können natürlich aktiv werden und Protestbriefe an die örtliche Tageszeitung schicken. Oder Sie treten einer politischen Partei bei, klettern dort in eine einflussreiche Position, lassen sich von der Bevölkerung wählen und aus dieser Machtposition heraus ändern Sie die Mode, die Parkgebühren oder die Rindfleischpreise. Sie haben viele Möglichkeiten, um auf anderen Wegen Einfluss zu nehmen. Dennoch: Es gibt jetzt etwas, das Sie stört und das Sie mit einem Kritikgespräch im Moment nicht ändern können. Genau diese Kritik können Sie sich sparen.

Wichtige Frage

? Erkennen Sie den Unterschied zwischen dem, was Sie ändern können und dem, was Sie nicht ändern können?

Natürlich können Sie sich Ihre Aufregung und Ihren Ärger über diese Angelegenheiten auch ersparen. Ihre ganze Empörung führt nur dazu, dass Ihr Körper Stresshormone ausschüttet. Und diese Stresshormone wiederum haben unangenehme Nebenwirkungen auf Ihren Körper, die Sie in jedem guten medizinischen Sachbuch nachlesen können. Im Großen und Ganzen kommt Folgendes dabei heraus: *Sich über das Unveränderbare aufzuregen, ist eine interessante Art der*

Selbstverletzung. Dennoch ist das in weiten Teilen der Bevölkerung ein beliebter Zeitvertreib. Ich empfehle Ihnen allerdings etwas anderes.
Lassen Sie das, was Sie nicht ändern können, einfach fallen. Lassen Sie es innerlich los. Ziehen Sie Ihre Gedanken davon ab und entspannen Sie sich. So gewinnen Sie mehr Kraft und mehr Zeit für das, was Sie tatsächlich ändern können.

Ignorieren Sie das Unwichtige

Selbst betroffen sein und etwas bewirken können – kommt beides zusammen, dann lohnt sich ein Gespräch über das, was Sie stört. Aber selbst dann müssen Sie nichts sagen. Es gibt Störungen, die im Grunde nur eine Kleinigkeit sind. Auch diese Bagatellen können Sie sofort zu den Akten legen, das heißt: Vergessen Sie's. Nicht alles, was Sie stört, muss auch besprochen werden. Vielleicht malt Ihre Kollegin immer kleine Herzen auf die Notizzettel, die sie Ihnen auf den Schreibtisch legt. Sie finden diese Herzchen-Malerei nicht sehr professionell, aber mit dieser Störung könnten Sie weiterleben, ohne je ein Wort darüber zu verlieren. Gut möglich, dass Ihr Nachbar bei internationalen Fußballspielen die Nationalflagge auf dem Balkon hisst und bei einem Sieg der einheimischen Mannschaft die Nationalhymne laut absingt. Dieser Patriotismus nervt Sie ein wenig, aber Sie können damit leben, ohne ihm ein kritisches Feedback zu geben. Sie finden möglicherweise, dass Ihre Mutter immer viel zu fettes Essen serviert, wenn Sie zu Besuch kommen. Aber auch hier können Sie stumm und dankbar mitessen, weil Sie wissen, dass Ihre Mutter es nur gut meint, wenn sie ihre Kinder mästet.
Ja, Sie können mit diesen kleinen Unstimmigkeiten leben, ohne deswegen ein Kritikgespräch zu führen. Das Ganze

nennt sich Toleranz oder Großzügigkeit. Oder wie es im psychologischen Fachjargon heißt: »Ach, was soll's!«

Bevor Sie am Genervtsein ersticken

Es gibt aber auch Störungen, die an Ihren Nerven zerren. Die Sache ist veränderbar und Sie können nicht einfach darüber hinwegsehen. Damit haben Sie innerlich grünes Licht, um die Störung anzusprechen. Und egal, was bei dem Gespräch rauskommt, das Ansprechen ist allemal sinnvoller, als langsam an dem eigenen Genervtsein zu ersticken.

Besonders wichtig ist das Reden, wenn Sie befürchten, dass die Sache sich verschlimmern könnte. Wenn eine solche Verschlimmerung droht, ist es wichtig, dass Sie der Störung schnell und eindrucksvoll einen Riegel vorschieben. Machen Sie rechtzeitig den Mund auf und sagen Sie deutlich, dass Sie mit dem Ganzen nicht einverstanden sind.

Bevor ich jetzt zu der Frage komme, wie man eine Störung am besten anspricht, möchte ich mich einer speziellen Sorte von Menschen zuwenden. Es geht um die Harmoniebedürftigen. Das sind die Zeitgenossen, die theoretisch wissen, wie man ein kritisches Feedback gibt. Die das aber praktisch nicht tun.

Das liegt nicht daran, dass diese Leute nicht reden könnten oder schüchtern sind. Nein, die meisten der Harmoniebedürftigen können sogar ausgesprochen gut mit anderen Menschen reden. Ihre Hemmungen liegen woanders. Um das genauer zu untersuchen, bitte ich Sie, mir kurz zu folgen. Mit den Harmoniebedürftigen kenne ich mich gut aus. Denn ich gehöre auch zu diesen friedliebenden Zeitgenossen.

Harmoniebedürftig oder die Angst, mit der Kritik anzuecken

Als Harmoniebedürftige möchten wir das, was uns stört, am liebsten loswerden, ohne ein Wort darüber zu verlieren. Wir möchten über das, was uns nervt, nicht reden. Jedenfalls nicht direkt mit denen, die uns nerven. Sich hintenrum bei Dritten beklagen, das geht noch. Aber den Nervbolzen direkt konfrontieren? Nein, bitte nicht.

Wir wollen, dass alle sich gut verstehen und dass nichts diesen Frieden stört. Wir wollen uns nicht streiten. Wir wollen nichts kritisieren und auch nicht kämpfen. Wir wollen nur eins: mit allen unseren Mitmenschen gut auskommen.

Manchmal werden wir auch harmonie*süchtig* genannt, aber der Begriff der Sucht erscheint mir zu hart. Das friedliche Miteinander in netter Atmosphäre – das ist ein wichtiges Bedürfnis für uns. Ein dringendes Bedürfnis. Aber sind wir deshalb schon süchtig? Nein, wir sind nicht süchtig. Wir sind Könner. Wir haben eine große Kompetenz.

Als Harmoniebedürftige sind wir wahre Meister/innen in der Kunst der Entspannungspolitik. Wir können Frieden schaffen ohne Waffen. Mit ein paar humorvollen Worten besänftigen wir beispielsweise die Streithähne am Frühstückstisch. Mit einer einfühlsamen Ansprache beruhigen wir den gereizten Chef. Unsere gute Laune überdeckt die muffelige Stimmung im Büro. Wir finden nette Worte, um anderen aus einer peinlichen Situation zu helfen.

Wir sind die wandelnden emotionalen Klimaanlagen. Wir filtern ständig dicke Luft und verbreiten Wohlgefallen. Und dabei fallen wir niemandem zur Last. Was für eine Leistung!

Mein Tipp

Für einen harmoniebedürftigen Menschen ist es wichtig, Folgendes zu lernen: dicke Luft auszuhalten, ohne gleich alles wieder auszubügeln. Nein zu sagen, ohne sich dafür zu entschuldigen.

Ich meine, jedes Büro, jede Firma braucht solche wandelnden Klimaanlagen. Wenn die fehlen, wird es eisig. Und ich bin auch der Meinung, dass die harmoniebedürftigen Mitarbeiter/innen für ihre täglichen Entspannungsbemühungen einen Sonderzuschlag auf ihr Gehalt verdienen.
Ja, ich finde, Harmoniebedürftigkeit ist keine Schande, sondern ein Vermögen.

Das explosive Hobby der Rabattmarkensammler

Jetzt schauen wir uns das leichte Defizit an, das wir leider auch haben: Wir können schlecht sagen, was uns stört. Nein, das stimmt nicht ganz. Wir *können* sagen, was uns stört. Wir können andere kritisieren. Wir tun es nur nicht. Wir fürchten, mit unserer Kritik anzuecken. Wir glauben, die schöne Stimmung sei hinüber, wenn wir laut aussprechen, was uns stört. Für uns ist ein kritisches Feedback die Vorstufe zum Streit. Die Zerstörung der Harmonie. Der Beginn der Trennung.

Wir glauben, dass wir uns mit einer direkten Kritik auf jeden Fall unbeliebt machen. Und deshalb halten wir lieber den Mund. Unser Schweigen wäre kein Problem, wenn da nicht eine einfache Tatsache wäre. Und die lautet: Wir sind *nicht* mit allem und jedem einverstanden. Wir sind von bestimmten Leuten genervt. Uns stört etwas.

Mein Tipp

Sprechen Sie eine Störung frühzeitig an. Wenn Sie das zu lange vor sich her schieben, wird es für Sie immer schwerer.

Unser tiefes Bedürfnis nach Harmonie macht uns zu potenziellen Rabattmarkensammlern. Rabattmarken sammeln – das klingt vielleicht harmlos, ist aber ein durchaus explosives Hobby.

Wenn Sie, wie ich, ein wenig harmoniebedürftig sind, kennen Sie das, was jetzt kommt.

Beim Rabattmarkensammeln geht es nicht um die Bonuspunkte, die wir beim Einkaufen bekommen und die wir irgendwann in ein Salatbesteck umtauschen können. Nein, hier geht es um seelische Rabattmarken. Das sind all die kleinen Störungen, die uns nerven, die wir aber nicht ansprechen.

Wir Rabattmarkensammler kennen die inneren Verrenkungen, die wir machen, um uns nicht anmerken zu lassen, wie sehr wir genervt sind. Und wir wissen auch, was sich in uns aufstaut.

Als Rabattmarkensammler/in wirken wir nach außen hin beinahe feuerfest. Alle glauben, wir seien so strapazierfähig wie ein alter Steinfußboden.

Wir zicken nicht gleich herum. Wir sind nicht launisch. Wir verbreiten eine optimistische Freundlichkeit. Aber wie es in unserer Seele wirklich aussieht, das wissen nur wir allein.

Innerlich sind wir Harmoniebedürftigen sehr empfindsam und keinesfalls so robust und strapazierfähig, wie wir wirken. Wir registrieren jede kleine Störung sehr genau. Wir spüren sehr deutlich, was uns ärgert. Wir fühlen sehr intensiv jede Enttäuschung und jede Kränkung.

Wir sagen nichts, weil wir keinen Aufruhr veranstalten wollen. Und jetzt kommt das *Aber*: Wir vergeben und vergessen die Ärgerpunkte auch nicht. Also sammeln wir still und heimlich unsere Rabattmarken. Wir merken uns die Vergehen unserer Mitmenschen. Wir führen genau Buch über all die Opfer, die wir bringen, damit die Harmonie nicht gestört wird.

Szenen einer Partnerschaft oder wie Rabattmarken gesammelt werden

Schauen wir uns an, wie das Rabattmarkensammeln im Alltag abläuft. Hier eine Geschichte aus dem Leben einer Rabattmarkensammlerin.

Schatz ist der liebste Mensch auf der Welt. Aber der Mann hat so seine Angewohnheiten. Als gute Rabattmarkensammlerin akzeptiert sie (scheinbar) die Schrulligkeiten ihres geliebten Partners. Schließlich will sie den liebsten Menschen auf der Welt nicht vergraulen mit kleinlichen Streitereien um Ordnung und Sauberkeit.

Nein, Schatz ist nicht ganz perfekt. Zum Beispiel hinterlässt er jeden Abend kleine Spritzer auf dem Badezimmerspiegel, nachdem er seine Zähne vorbildlich mit Zahnseide gereinigt hat. Gut, er könnte natürlich diese Spritzer schnell wegwischen, bevor sie auf dem Spiegel antrocknen. Macht er aber nicht.

Und was tut jetzt unsere Rabattmarkensammlerin? Sie wischt Abend für Abend den Spiegel wieder sauber. Zu ihm sagt sie nichts, denn es ist doch wunderbar, einen Partner zu haben, der seine Zähne so gut pflegt. Warum sich aufregen über ein paar Spritzer auf dem Badezimmerspiegel?
Dass sie den Spiegel immer wieder sauber macht, ist Schatz nie aufgefallen. Das muss ihm auch nicht auffallen, denn er bekommt von ihr jedes Mal klammheimlich eine Rabattmarke geklebt.
Schatz bekommt von ihr auch eine Rabattmarke, wenn er nach Hause kommt und seine Jacke einfach irgendwo in der Wohnung fallen lässt. Stumm räumt sie seine Jacke für ihn weg. Er hört von ihr höchstens eine kryptische Bemerkung, wie etwa »Glaubst du, wir hätten einen Butler?«. Das ist eine von diesen Andeutungen, die er sowieso nie ganz verstanden hat und die er deshalb mit einem Brummen beiseitelegt.
Dann bekommt er noch eine Rabattmarke im XXL-Format, weil er die neue, teure Edelstahlpfanne versaut hat. Er wollte in einem Anfall von Kochkreativität ein Risotto darin zubereiten. Sie hat ihn mehrfach darauf hingewiesen, dass man ein Risotto im Topf kocht und zwar unter ständigem Rühren. Aber er hat unbeirrt mit seinem Bratpfannen-Risotto weitergemacht und das auch noch ohne ständiges Rühren. Ergebnis: Alles ist angebrannt.
Am Ende war sie es, die versucht hat, die teure Edelstahlpfanne durch langes Schrubben zu retten. Ja, sie hat geflucht, aber nur leise in der Küche. Dafür hat er von ihr eine dicke Marke bekommen. Und dann sind da noch diese teuren Fachzeitschriften, die er immer kauft und die nur in der Wohnung herumliegen. Und dann noch sein nächtliches Schnarchen, das er immer abstreitet.
Die beiden sind wirklich ein harmonisches Paar – das sagen alle Freunde und die ganze Verwandtschaft. Auch Schatz glaubt, dass die Beziehung gut läuft, denn sie beklagt sich

nicht. Irgendwie ist er ganz glücklich. Seine Frau ist keine von diesen anstrengenden Meckertanten, die ständig an ihrem Partner herumnörgeln. Er hat eine Frau, die gutmütig und ausgeglichen ist.

Was passiert, wenn das Rabattmarkenheft voll ist

Und dann kommt es, wie es kommen muss: Der Tag, an dem ihr inneres Rabattmarkenheft voll ist. Der Tag der Abrechnung. Es beginnt mit dem berühmten Tropfen, der das Fass zum Überlaufen bringt.

Aufgestauter Ärger: Wenn das Rabattmarkenheft voll ist, wird es explosiv

Ihre Mutter feiert einen runden Geburtstag. Aber er will unbedingt Fußball gucken und weigert sich, mit ihr zu der Familienfeier zu gehen. Er findet, sie könne dort auch allein hingehen. Aber sie will unbedingt, dass ihr Schatz mitkommt.

Wozu hat man schließlich einen Partner? Ja, um auf den Familienfeiern nicht mehr allein aufzukreuzen.
Schatz sagt Nein und hat es sich auf der Couch bereits gemütlich gemacht. In zehn Minuten beginnt das Länderspiel.
Da platzt ihr der Kragen.
Sie hat diesem Mann alles hinterhergetragen. Sie hat für ihn geputzt und gewischt und dazu noch jede Nacht sein Schnarchen ertragen. Und jetzt bittet sie ihn um diesen kleinen Gefallen. Er soll doch nur mit zu der Geburtstagsfeier kommen. Und was macht dieser Egoist? Er will lieber Fußball gucken.
Das kann doch nicht wahr sein!!!
Sie schreit ihn an, beschimpft ihn mit den übelsten Ausdrücken. Und er? Er sitzt auf dem Sofa und versteht die Welt nicht mehr.
Was ist los? Hat sie einen Nervenzusammenbruch? Oder sind das schon die Wechseljahre? Ist sie noch ganz dicht? Er hat überhaupt nichts gemacht und wird von ihr so angebrüllt!
Sie löst derweil ihr ganzes inneres Rabattmarkenheft auf.
Er kapiert überhaupt nicht, was die Tatsache, dass er lieber das Fußballspiel sehen will, mit den Zahnpastaspritzern auf dem Badezimmerspiegel zu tun hat. Und wieso beschwert sie sich darüber, dass er seine Jacke nicht ordentlich aufhängt? Und jetzt kommt sie auch noch mit dem verunglückten Risotto. Dieses kleine Malheur ist vor über einem Jahr passiert! Was hat das alles miteinander zu tun? Und wieso behauptet sie jetzt, er wäre rücksichtslos und egoistisch.
Für ihn ist sie einfach nur hysterisch. Das sagt er ihr auch in einem energischen Tonfall. Woraufhin sie sofort kontert, dass er nicht zuhört und sie auch nicht ernst nimmt.
Kann man mit so einem Mann unter einem Dach leben? Sie hat die Nase gestrichen voll. Und er? Er findet sie einfach nur schrecklich. Scheinbar muss er jetzt der Sündenbock für ihren gesamten Frust sein. Aber das lässt er nicht auf sich sit-

zen. Die beiden haben den heftigsten Streit seit Beginn ihrer Partnerschaft.

Warnung

Das Runterschlucken von Kritik kann zu einem echten Beziehungskiller werden.

Das Rabattmarkensammeln beschränkt sich keinesfalls nur auf Paarbeziehungen. Wer stumm bleibt, obwohl ihn etwas stört, der wird dieses Muster auch am Arbeitsplatz, im Freundeskreis, mit den Nachbarn, den eigenen Kindern oder Eltern praktizieren. Wobei es bei den meisten Harmoniebedürftigen einen Bereich gibt, in dem sie besonders viel unter den Teppich kehren und einen anderen Bereich, in dem sich die Betreffenden eher trauen, eine Störung zumindest vage anzudeuten.

Strategie: Erkennen Sie sich selbst oder sammeln Sie auch heimlich Rabattmarken?

Hier kommt eine Liste der typischen Verhaltensweisen von Rabattmarkensammlern. Prüfen Sie, ob einer oder mehrere dieser Punkte auf Sie zutreffen.

- Es kommt vor, dass ein vertrauter Mensch etwas tut oder sagt, das Sie stört. Aber um die Stimmung nicht zu verderben, lassen Sie sich nichts anmerken.
- Die Fehler, Unhöflichkeiten und Grobheiten anderer Menschen können Sie sich gut merken. Andere bekommen gar nicht mit, dass Sie dieses Fehlverhalten innerlich abspeichern.
- Statt eine Störung direkt mit dem Betreffenden zu besprechen, beschweren Sie sich darüber bei anderen Leuten.
- Das Wort harmoniebedürftig trifft durchaus auf Sie zu.

- Sie wirken auf andere Leute meistens ausgeglichen und Sie sind auch ein wenig stolz darauf, dass Sie nicht zu den Meckerfritzen oder Zimtzicken gehören.
- Sie merken immer wieder, dass Sie innerlich sehr empfindsam sind, obwohl Sie das nach außen hin nicht zeigen.
- Wenn Sie etwas nervt, machen Sie ironische Bemerkungen, um damit indirekt zu sagen, dass Sie nicht einverstanden sind.
- Tief in Ihrem Inneren sind Sie manchmal verdammt wütend, weil Sie häufig zurückstecken und sich anpassen.
- Es gibt Situationen, da nervt Sie das Verhalten Ihres Gegenübers so sehr, dass Sie auf der Stelle ausrasten könnten. Sie fangen an, dieser Person aus dem Weg zu gehen.

Falls Sie zwei oder mehr Treffer haben, könnten Sie zur Spezies der Rabattmarkensammler gehören.

Der Zündfunke und der große Knall

Vielleicht fangen Sie jetzt an, Ihre freundlichen Mitmenschen mit anderen Augen zu betrachten. Könnten all diese lieben Leute in Ihrer Umgebung in Wirklichkeit Rabattmarkensammler sein?
Was geht in dem netten Pförtner vor, der immer so freudestrahlend »Guten Morgen!« ruft und der jeden Tag die Zigarettenkippen vor der Eingangstür klaglos wegfegt? Wird er irgendwann mit einer abgesägten Schrotflinte in der Firma Amok laufen?
Und was ist mit Ihrer zuvorkommenden Nachbarin? Die Frau, die sich nie über das Kindergeschrei beschwert, die gern bei Ihnen die Blumen gießt, wenn Sie im Urlaub sind,

und die immer ein paar nette Worte für Sie hat. Wird diese Frau irgendwann vor Wut explodieren und die Briefkästen demolieren?

Das Problem ist, dass Sie ein volles Rabattmarkenheft bei anderen Leuten nicht erkennen können. Nur von innen her kann der Betreffende selbst fühlen, wie sich in ihm all die kleinen Frustrationen zu einem großen Klumpen Wut zusammenballen.

Es gibt Rabattmarkensammler, die vor dem großen Knall leicht gereizt sind. Aber die meisten Rabattmarkensammler können bis zum Schluss eine nette Fassade aufrechterhalten. Und dann kommt diese berühmte Kleinigkeit, die das Fass zum Überlaufen bringt.

Wenn nette Menschen plötzlich durchdrehen und aus heiterem Himmel die Scheidung einreichen, spontan kündigen, einen Schlussstrich ziehen oder alles in Grund und Boden stampfen, dann hat das oft nur eine Ursache: Sie haben jahrelang das Störende unter den Teppich gekehrt.

Für die Umwelt ist so ein plötzlicher Ausbruch oft ein Rätsel. Es war doch nur eine Kleinigkeit. Wie kann man da so aufbrausend reagieren?

Und genau das bereut der Rabattmarkensammler auch. Der Betreffende fühlt sich nach der Explosion doppelt schlecht. Einmal, weil er das zerstört hat, was ihm so wichtig war: die gute Beziehung. Und zum anderen, weil er sich so verhalten hat, wie er eigentlich nie sein wollte: aggressiv und unbeherrscht.

Was wirklich hilft: Ändern Sie Ihre Denkweise

Lassen Sie uns an dieser Stelle realistisch sein. Einfach so, aus dem Nichts heraus, ändern wir Rabattmarkensammler uns nicht. Jedenfalls nicht, solange wir unseren inneren Überzeugungen treu sind. Denn es sind unsere inneren Überzeugungen, die uns dazu veranlassen, lieber zu schweigen, als unseren Unmut laut auszusprechen. Deshalb ist es für uns Rabattmarkensammler sehr wichtig, uns bewusst zu machen, woran wir im tiefsten Herzen glauben. Hier kommt jetzt eine Übersicht, die Ihnen dabei hilft.

Raus aus den Hemmungen!

Ändern Sie Ihre Überzeugungen und trauen Sie sich, anderen Leuten zu sagen, was Sie stört.

Alte Überzeugungen, die das Ansprechen von Störungen erschweren	Neue Überzeugungen, die das Ansprechen von Störungen erleichtern
Sie reden nicht gern lange herum. Bevor Sie Ihre Mitmenschen auf einen Fehler hinweisen, bügeln Sie die Sache schnell selbst aus.	Reden lohnt sich. Nur wenn Sie deutlich sagen, was Sie stört, wissen Ihre Mitmenschen, was mit Ihnen los ist. Und erst dann können die anderen auf Sie Rücksicht nehmen.
Sie wollen nicht negativ sein und ständig an allem und jedem herummeckern.	Das Störende anzusprechen ist nicht negativ, sondern positiv. Damit steuern Sie auf eine Verbesserung zu.

Alte Überzeugungen, die das Ansprechen von Störungen erschweren	Neue Überzeugungen, die das Ansprechen von Störungen erleichtern
Sie sind überzeugt davon, dass man sich mit Kritik keine Freunde machen kann.	Freundschaften und Beziehungen gehen nicht kaputt, weil ehrliche Worte gesagt werden. Sie sterben am unheilvollen Schweigen.
Sie möchten auf keinen Fall eine keifende Meckerziege oder ein nörgelnder Miesepeter sein.	Sie meckern und nörgeln nicht, wenn Sie anderen Menschen klar sagen, was Sie stört. Ihre sachliche Kritik ist aufbauend und hilft Ihrem Gegenüber.
Kritik ist in jedem Fall unangenehm für den, der sie einstecken muss.	Ihre Kritik kann eine echte Aufbauhilfe sein, die andere Leute weiterbringt. Sachliche Kritik ist niemals verletzend oder respektlos.

Um es noch einmal deutlich zu sagen: Zu jeder guten Beziehung gehört auch das Nein. Also nicht nur Ja sagen, sondern auch Grenzen setzen. Zeigen Sie Ihren Mitmenschen, was Ihnen gefällt, aber drücken Sie auch deutlich aus, was Sie nicht mögen.

Aber wie schafft man das als jahrelanger Rabattmarkensammler? Wie kriegt man den Mund auf und spricht eine Störung an? Wie bricht man mit der Gewohnheit, das eigene Unbehagen unter den Teppich zu kehren?

Ich selbst war eine geübte Rabattmarkensammlerin und brauchte einige Zeit, um aus diesem Verhaltensmuster auszusteigen. Nein, was bei mir passierte, war kein großer Umbruch, keine plötzliche Drehung um 180 Grad. Tatsächlich waren es viele kleine Schritte, durch die ich aufhörte, Rabatt-

marken zu sammeln. Es waren einfache, manchmal winzige Änderungen, die mir leicht fielen.
Als Rabattmarkensammler fürchten wir, mit unserer Kritik andere Leute zu verletzen und womöglich sogar die Beziehung zu diesen Leuten zu zerstören. Deshalb sind für uns alle Tipps unbrauchbar, die da lauten: Hau auf den Putz! Sag schonungslos deine Meinung und kämpfe für dich. Nein, das ist für uns viel zu viel Lärm. Zu viel Härte, zu viel Trennung.
Die Frage, vor der jeder Rabattmarkensammler steht, lautet: Wie kann ich das, was mich stört, ansprechen, ohne dass es dabei böses Blut gibt? Die besten Tipps, wie Sie und ich das hinbekommen, habe ich für Sie hier aufgelistet.

Strategie: So finden Sie den Mut, eine Störung anzusprechen

Ihre Störungsmeldung ist für alle eine Hilfe
Machen Sie sich Folgendes klar: Indem Sie deutlich sagen, was Sie stört, tun Sie anderen Leuten einen Gefallen. Sie lassen Ihre Mitmenschen nicht mehr im Dunklen herumtappen. Die anderen kennen sich jetzt bei Ihnen aus. Das Rätselraten ist zu Ende. Ihre Mitmenschen können jetzt auf Sie Rücksicht nehmen. Damit verbessern Sie Ihre privaten und beruflichen Beziehungen.

Sprechen Sie die Störung an, solange sie noch klein ist
Durch das Aufschieben wird aus einer kleinen Störung ein riesiges Problem. Deshalb packen Sie die nächste Gelegenheit beim Schopfe und reden Sie über das, was Sie stört.

Machen Sie es einfach und undramatisch
Sie müssen nicht mit der Faust auf den Tisch hauen. Sie können die Störung auch sanft ansprechen. Diese Sanftheit ist nur für Sie selbst da – damit Sie sich dabei gut fühlen. Hier ein paar Beispiele, wie Sie das praktisch hinbekommen:

- Bitten Sie Ihr Gegenüber, etwa so: »Könnten Sie bitte draußen rauchen?« »Marlis, kannst du mir bitte das Geld zurückgeben, das ich dir geliehen habe.«
- Drücken Sie nur Ihr Unbehagen aus: »Ich fühl mich beengt, wenn Sie beim Reden so dicht vor mir stehen.« »Ich bin sauer, weil ich schon eine halbe Stunde auf dich warte.«
- Sagen Sie einfach, was Sie lieber mögen: »Mir wäre es lieber, wenn die Suppe noch heißer wäre. Könnten Sie bitte die Suppe noch einmal aufwärmen lassen.« »Für mich ist es einfacher, wenn du mir das Auto voll getankt übergibst.«
- Sagen Sie Ihrem Gegenüber, was Sie stört: »Mich stört im Moment, dass du nur in die Zeitung schaust, während ich dir etwas Wichtiges erzähle.« »Mich stört es, wenn Sie mich beim Reden unterbrechen und mir ins Wort fallen.«

Versuchen Sie nicht vorherzusagen, was dann passieren wird

Manche Rabattmarkensammler sind von vornherein sehr pessimistisch. Sie glauben, dass das Reden nichts nützt oder dass alles noch schlimmer wird. Deshalb mein Tipp: Denken Sie sich nicht aus, was passieren wird, nachdem Sie eine Störung angesprochen haben. Bleiben Sie einfach neugierig und schauen Sie, was tatsächlich passiert, nachdem Sie etwas gesagt haben.

Wir Rabattmarkensammler brauchen diese leisen, vielleicht sogar etwas unauffälligen Strategien, um zu Wort zu kommen. Und je mehr Erfolg wir damit haben, desto mutiger können wir werden. Aber zuerst wollen wir deutlich merken, dass unsere Störungsmeldung keine Katastrophe auslöst.
Es ist Ihre Aufgabe, mit der Wahrheit rauszurücken und zu sagen: »Das stört mich.« Darauf kommt es an. Selbst wenn Sie im Moment noch denken, dass sich Ihr Gegenüber nie ändern wird – sagen Sie es trotzdem. Drücken Sie das aus, was Ihnen auf der Seele liegt. Raus mit der Sprache – das ist

für uns Rabattmarkensammler das Wichtigste. Das ist die Veränderung, auf die es ankommt.
Mir ist aufgefallen, dass die allermeisten meiner Störungsmeldungen bei meinem jeweiligen Gesprächspartner gut bis sehr gut angekommen sind. Es gab keinen Streit. Es gab keine Trennung. Manchmal gab es einen kleinen Wortwechsel. Und manchmal war mein Gegenüber erstaunt, dass ich so lange nichts gesagt habe, obwohl die Sache mich die ganze Zeit genervt hat. Wieso habe ich das Ganze nicht schon viel früher angesprochen? Das frage ich mich jetzt auch.

Der oder die Harmoniebedürftige

Die Grundeinstellung der harmoniebedürftigen Person
Kein böses Blut, keinen Streit, keine schlechte Stimmung. Denn das tut weh. Harmoniebedürftige möchten, dass alle Mitmenschen nett zu ihnen sind. Verbundenheit mit anderen Menschen ist für sie das Wichtigste überhaupt. Denn sonst wäre der Harmoniebedürftige ganz allein und das

wäre für ihn absolut schlimm. Die größte Angst der Harmoniebedürftigen ist es, verlassen zu sein. Deshalb mögen sie das Trennende nicht. Sie vermeiden, solange es geht, jeden Streit und jede unfreundliche Auseinandersetzung. Dabei ist ihnen die Freundlichkeit manchmal wichtiger als die Ehrlichkeit.

Die typische Körpersprache der Harmoniebedürftigen
Lächeln und Liebenswürdigkeit ausstrahlen. Der Kopf ist leicht zur Seite geneigt. Zum Blickkontakt gehört der milde Gesichtsausdruck. Harmoniebedürftige wollen anderen Leuten keinen Platz wegnehmen. Deshalb ist ihre Körperhaltung unauffällig. Manche machen sich sogar kleiner als sie sind und bewegen sich mit einer leicht gebückten Haltung. Sie gehen leise und geschmeidig, gern auch um die Leute herum, die ihnen im Weg stehen.

So redet der oder die Harmoniebedürftige
»Na, das ist doch nicht so schlimm.«
»Das kommt alles wieder in Ordnung.«
»Kein Grund, sich aufzuregen.«
»Nun streitet euch doch nicht! Wir wollen hier nett zusammen essen und dabei vergnügt sein.«
»Ich mach das schnell weg und dann ist alles wieder gut.«
»Ganz ruhig bleiben. Du wirst sehen, das ist kein Problem. Ich hab das im Griff.«
»Ich will nur, dass es harmonisch zugeht und dass sich alle gut verstehen.«
»Ach nein, darüber bin ich nicht sauer. Schließlich ist noch kein Meister vom Himmel gefallen.«
»Das kann jedem passieren. Lassen Sie es gut sein. Ich werde das kurz auswaschen und dann sieht man nichts mehr.«

Wie Sie mit einer harmoniebedürftigen Person am besten umgehen

Harmoniebedürftige Menschen haben – genau wie Sie – Wünsche, Grenzen und ein inneres Nein zu bestimmten Dingen. Sie halten vieles davon zurück, weil sie fürchten, dass sie damit bei Ihnen anecken. Bleiben Sie skeptisch, wenn Ihnen ein harmoniebedürftiger Mensch erklärt, alles sei in Ordnung, nachdem Sie ihm gerade eine heiße Tasse Kaffee auf seine Hose geschüttet haben. Sagen Sie dem Harmoniebedürftigen, dass Sie es okay finden, wenn er jetzt verärgert wäre. Wenn der Harmoniebedürftige Sie dann immer noch nett anlächelt und sagt: »Ach, das macht nichts. Die Hose muss sowieso in die Reinigung«, dann ist das ein schlechtes Zeichen. Sehr wahrscheinlich haben Sie von ihm eine Rabattmarke bekommen.

Ich kann Ihnen nur dringend empfehlen, den Schaden wiedergutzumachen. Zahlen Sie die Reinigung, kaufen Sie einen Blumenstrauß, schreiben Sie eine Entschuldigungskarte – am besten machen Sie alles zusammen und zwar so bald wie möglich. Aber auf keinen Fall lassen Sie die Sache ohne Wiedergutmachung auf sich beruhen. Denn das tut der Harmoniebedürftige auch nicht. Spätestens bei der Rabattmarkenabrechnung, die ganz sicher irgendwann kommt, wird er Ihnen die bekleckerte Hose noch mal unter die Nase reiben.

Zeigen Sie dem Harmoniebedürftigen immer wieder, dass Sie klare Worte und ärgerliche Gefühle vertragen. Machen Sie deutlich, dass Sie nicht gleich das Weite suchen, wenn jemand Sie kritisiert. Und trauen Sie sich nachzufragen, wenn Sie den Eindruck haben, dass hinter dem freundlichen Lächeln des Harmoniebedürftigen eine Rabattmarke klebt.

Kritisieren, ohne zu verletzen – so geht das

An einem Vormittag im Büro. Der Mitarbeiter stellte sich in den Türrahmen, und sprach im aufgebrachten Tonfall mit dem Mann, der am Schreibtisch saß. »Mit dir, Freundchen, hab ich noch ein Hühnchen zu rupfen.«
Der angesprochene Kollege schaute hoch und gab nur ein kurzes »Ach?« von sich.
Der Mann im Türrahmen streckte den Zeigefinger aus: »Du bist überhaupt kein bisschen teamfähig! Du kannst einfach nicht mit anderen Leuten zusammenarbeiten.«
Der Mann hinterm Schreibtisch lehnte sich zurück und verschränkte die Arme: »Was redest du da für einen Quark!«
»Seit Montag wusstest du, dass der Abgabetermin für unser Projekt verschoben worden ist. Und erst heute Morgen erfahre ich das. Und von wem erfahre ich das? Das sagt mir der Marcus aus dem dritten Stock. Der hat rein gar nichts mit unserem Projekt zu tun. Und von wem erfahre ich das *nicht*? Von dir! Du bist im Team und sagst kein Wort. Du sitzt auf den Infos und gibst sie nicht weiter. Also wirklich ... du bist so etwas von überhaupt nicht teamfähig!«
»Ich hab das mit dem Abgabetermin auch erst gestern erfahren und zwar von Annette. Und die musste auch erst mal beim Chef nachfragen ...«
Der Mann im Türrahmen unterbricht. »Ach hör auf, dich rauszureden!«
Der Kollege hinterm Schreibtisch fängt an, lauter zu werden: »Mach hier nicht so'n Wind. Du kannst nicht einfach behaupten, ich wüsste irgendetwas seit Montag.«

Der Mann im Türrahmen wendet sich ab und geht zurück in den Flur. »Ich hab keine Lust, darüber mit dir zu diskutieren. Du lässt das Team im Ungewissen und leitest die Infos nicht an uns weiter. Mir reicht es allmählich.«
»Dann sieh zu, dass du weiterkommst!«
Die Bürotür wird zugeknallt.

Hier passierte das, was im Alltag häufig vorkommt. Irgendwas ist schiefgelaufen. Die erste Reaktion darauf ist: losschimpfen, Schuld zuweisen und dem Übeltäter eine Standpauke halten. Wir haben es hier nicht mit einem Rabattmarkensammler zu tun, sondern mit dem Gegenteil: dem Hitzkopf. Und der wütet gleich drauflos und zwar so, wie ihm der Schnabel gewachsen ist. Leider ist das auch kontraproduktiv. Schlicht gesagt: Dadurch wird nichts besser. Dafür verschlechtert sich etwas Wichtiges: die gegenseitige Beziehung.
Der Mann hinter dem Schreibtisch bekam die volle Breitseite von seinem Kollegen ab. Und daraufhin hat er innerlich sofort dicht gemacht. Es gab keine wirkliche Verständigung und schon gar keine Lösung. Dieses hitzköpfige Drauflosschimpfen ist Lichtjahre entfernt von einer konstruktiven Kritik.

Geben Sie Ihrem Gegenüber ein stressfreies Feedback

Zu sagen, was Sie stört, ist im Grunde sehr einfach: Lassen Sie alles weg, was dazu führt, dass sich Ihr Gegenüber respektlos behandelt fühlt. Benutzen Sie dabei Worte, die nicht verletzend sind. Dabei sind pauschale Verurteilungen wie

beispielsweise »Du bist überhaupt nicht teamfähig« einerseits verletzend, andererseits sind sie keine präzise Rückmeldung. Ihr Gegenüber braucht von Ihnen *genaue* Angaben über das, was Ihrer Meinung nach falsch gelaufen ist. Machen Sie dabei keinen allzu langen Text, kommen Sie ohne Umschweife auf den Punkt. Dem hitzköpfigen Kritiker aus dem Beispiel weiter oben hätte es auch gut getan, mehr nachzufragen, anstatt gleich Behauptungen in die Welt zu setzen.
Die meisten von uns brauchen eine gewisse sprachliche Disziplin, um ein brauchbares Feedback abzuliefern. Das heißt, dass wir uns *vorher* überlegen, wie wir die Sache ansprechen.

So nicht! Bei diesen Sätzen macht Ihr Gegenüber innerlich dicht

Sätze, die in einem sachlichen Kritikgespräch nichts zu suchen haben:
»Was zum Teufel ist bloß in Sie gefahren?«
»Sag mal, gibt es dich eigentlich auch in schlau?«
»Ich kann unmöglich der Einzige sein, der gemerkt hat, wie blöd das ist.«
»Hat es nicht gereicht, dass ich dir das ausführlich erklärt habe? Muss ich dir auch noch jedes Wort einzeln buchstabieren?«
»Wenn ich sehe, was du da gemacht hast, könnte ich weinen.«
»Du entziehst mir die ganze Energie.«
»Ich schaffe es nicht, Ihre Dummheit einfach hinzunehmen.«
»Was Sie da verbockt haben, geht auf keine Kuhhaut.«
»Sag mal, versuchst du mich damit in den Wahnsinn zu treiben?«
»Ich hab gesehen, was für einen Mist Sie verzapft haben. Können Sie überhaupt irgendetwas richtig machen?«
»Du ruinierst mir mit diesem Quatsch den ganzen Tag.«
»Deinetwegen kriege ich immer mehr graue Haare.«
»Ein klein wenig Nachdenken und ein bisschen Sorgfalt – sind Sie damit völlig überfordert?«
»Bitte schalten Sie das nächste Mal vorher Ihr Gehirn ein.«

Bevor Sie losgehen, um jemandem zu sagen, was Sie stört, überprüfen Sie kurz Ihre Wortwahl. Solange Sie noch allein sind, sagen Sie einfach mal laut, was Sie dem anderen sagen möchten. Und achten Sie dabei auf Ihre Worte. Wenn eine bestimmte Formulierung oder ein bestimmter Tonfall *Sie* verletzen würde, dann geht es Ihrem Gegenüber wahrscheinlich auch so.
Wie geht es Ihnen, wenn jemand Sie beispielsweise auf einen Fehler hinweist und Folgendes zu Ihnen sagt: »Sag mal, was hast du da für einen Blödsinn angerichtet? Bist du von allen guten Geistern verlassen?« Wenn jemand Sie so anspricht, gehen Sie innerlich in eine Abwehrhaltung, nach dem Motto: Diesen Tonfall muss ich mir nicht bieten lassen!
Genau diese innere Abwehrhaltung macht ein weiteres Gespräch unmöglich. Wenn Ihr Gegenüber erst einmal seine Jalousien runtergelassen hat, ist er nicht mehr bereit, sich mit Ihnen auseinanderzusetzen.

Warnung

Achten Sie auf Ihre Formulierungen. Wenn in Ihren Worten der Respekt fehlt, sinkt bei Ihrem Gegenüber die Bereitschaft, sich mit Ihnen zu verständigen.

Sie wollen jemandem etwas Kritisches sagen? Hier kommt eine gute Frage, die Sie sich zuerst stellen können: Wie müsste jemand *mit mir* reden, damit ich diese kritische Rückmeldung gut annehmen kann?
Ich wette, Sie mögen weder Sarkasmus noch herabsetzende Witzchen. Sie wollen nicht angebrüllt oder beleidigt werden. Und Sie wollen, dass man auf gleicher Augenhöhe mit Ihnen spricht, also nicht von oben herab. Gut, damit haben Sie eine grobe Richtlinie, wie Sie Ihrem Gegenüber sagen können, was Sie stört.

Was wirklich hilft: Verzichten Sie auf Kampfhandlungen

Jetzt sind wir bei einer einfachen Unterscheidung angekommen. Das, worüber ich hier schreibe, also das Kritisieren bzw. das Ansprechen von Störungen – diese Art von Kommunikation eignet sich nicht, um andere Leute zu besiegen. Oder um einen Gegner in die Knie zu zwingen. Ein Kritikgespräch ist keine Kampfhandlung.

Bei einem aggressiven Tonfall macht der Gesprächspartner innerlich dicht

Drehen Sie aus Ihrer Kommunikation alles raus, was nach Feindschaft riecht. Ich weiß, dass dieser Verzicht manchmal schwer ist, besonders wenn man sehr verärgert ist. Aber es geht um eine bessere Beziehung zu Ihren Mitmenschen und nicht um einen größeren Sieg über Ihre Feinde.
Hier kommen die wichtigsten Tipps, die Ihnen helfen, ein sachliches Kritikgespräch zu führen.

Strategie: Die einfache Art, anderen zu sagen, was Sie stört

Kommen Sie zuerst mit sich selbst ins Reine

Bevor es losgeht, besinnen Sie sich kurz. Überlegen Sie, was Sie genau stört und mit welchen Worten Sie das ausdrücken wollen. Und dann überlegen Sie, wohin die Reise gehen soll. Beantworten Sie – nur für sich – die folgenden Fragen:

- Was genau nervt oder stört Sie?
- Was ist unklar oder welche Fragen haben Sie an den anderen?
- Wie könnte eine Lösung oder Verbesserung aussehen?
- Worum bitten Sie den anderen?

Unter vier Augen mit dem anderen reden

Wenn Sie mit einer anderen Person ein Hühnchen zu rupfen haben, dann tun Sie das unter vier Augen. Das leuchtet ein – oder? Jemanden vor anderen Leuten zu kritisieren, kann eine ziemliche Entwürdigung sein. Ein Kritikgespräch in einer Gruppe geht nur, wenn es die ganze Gruppe betrifft. Beispielsweise ein Team von Leuten, das gemeinsam an einem Projekt gearbeitet hat. Aber für Einzelabrechnungen gilt: ohne Publikum miteinander reden. Und nicht von oben herab auf den anderen einreden, sondern das Gespräch auf gleicher Augenhöhe führen.

Sprechen Sie in einem ruhigen, sachlichen Tonfall

Sprechen Sie neutral und möglichst ruhig. Wenn Sie noch vor Wut dampfen, kommen Sie zuerst ein wenig runter, bevor Sie loslegen.

Sagen Sie in klaren Worten, was Ihrer Meinung nach falsch oder schlecht gelaufen ist

Bleiben Sie bei den Tatsachen. Also keine Übertreibungen, keine Unterstellungen. Was ist genau passiert? Wie oft ist es passiert? Wenn Sie dabei nicht präzise sind, wird Ihr Gegenüber Ihre Kritik zurückweisen, weil Sie die Fakten verdrehen oder aufbauschen.

Keine Unterstellungen und keine Mutmaßungen

Hüten Sie sich vor Unterstellungen, Vermutungen und Diagnosen. Aussagen von der Sorte »Du bist zu egoistisch«, »Du wolltest mich damit nur provozieren«, »Sie versuchen, mit Ihrem Verhalten nur Ihr Kindheitstrauma zu überwinden«, gehören nicht in ein Kritikgespräch. Sie können anderen Leuten immer nur *vor* die Stirn gucken, nicht dahinter. Anders gesagt: Sie wissen nicht, was den anderen dazu getrieben hat, sich so zu verhalten. Und mit Ihren Spekulationen oder Verdächtigungen muss sich Ihr Gegenüber nicht auseinandersetzen. Deshalb: Bleiben Sie bei den Fakten. Reden Sie nur über das, was Sie tatsächlich wahrgenommen haben. Das, was Sie sich sonst noch dazu ausgedacht haben, behalten Sie für sich.

Nur einen Kritikpunkt – mehr nicht

Bitte überschütten Sie Ihr Gegenüber nicht mit allem, was sich bei Ihnen aufgestaut hat. Tun Sie es auch dann nicht, wenn alles miteinander zusammenhängt. Oder wenn alles eine einzige, lange verwickelte Geschichte ist. Ein konkreter Kritikpunkt pro Gespräch, mehr verkraften die meisten Menschen nicht. Und dann bleiben Sie streng bei dem einen Thema. Nichts anderes mit reinmischen.
(Und was machen Sie mit den anderen Kritikpunkten, die Sie noch auf Lager haben? Sie machen viele neue Gesprächstermine, um jeden einzelnen Punkt zu klären. Oder Sie lernen zu vergeben und zu vergessen. Und dann hören Sie bitte endlich auf, Rabattmarken zu sammeln.)

Keine langen Monologe abspulen

Sie haben sich vor dem Kritikgespräch Gedanken gemacht. Gut! Aber jetzt besteht die Gefahr, dass Sie aufgrund Ihrer soliden Vorbereitung den anderen gegen die Wand reden. Womöglich haben Sie sich eine lange Rede zurechtgelegt, in der Sie alles ausdrücken wollen, was Sie auf dem Herzen haben. Das ist verständlich, aber viel zu viel für den anderen. Ihr Gegenüber hat gerade etwas Kritisches gehört. Stopp! Das reicht. Jetzt ist Ihr

Gesprächspartner dran. Und der darf nun das sagen, was ihm wichtig ist.

Zuhören, nur zuhören

Bei einer Rückmeldung gibt es auch Gegenverkehr. Nachdem Sie gesagt haben, was Sie stört, darf Ihr Gegenüber sagen, was er (oder sie) darüber denkt. Falls der Betreffende schweigt, lassen Sie ihn/sie schweigen. Gönnen Sie ihm oder ihr die Verdauungszeit. Schweigen ist kein Problem. Wenn Ihr Gegenüber redet, dann hören Sie nur zu. Bitte fallen Sie dem Betreffenden nicht gleich ins Wort, nur weil er vielleicht etwas Falsches sagt. Er darf alles sagen. Er darf sich rechtfertigen, die Sache erklären, sich rausreden oder die Fakten anders darstellen. Er darf sein Gesicht retten oder anderen Leuten die Schuld geben. Schlicht gesagt: Er darf seine Meinung äußern, ohne dass Sie ihn unterbrechen. Sie sind still und hören nur zu (ich weiß, das kann anstrengend sein).

Steuern Sie auf eine Vereinbarung zu

Was passiert ist, ist passiert. Die Vergangenheit ist vorbei. Daran lässt sich nichts mehr ändern. Jetzt geht es um die Zukunft. Es geht darum, eine Vereinbarung zu treffen, damit es künftig besser läuft. Vereinbarungen, Absprachen, neue Regelungen – darauf laufen viele Gespräche hinaus. Welche Lösung oder Regelung bevorzugen Sie? Sagen Sie, was Sie sich wünschen. Und auch hier gilt ganz besonders: Finden Sie klare Worte, mit denen Ihr Gegenüber etwas anfangen kann. Kein Wischi-Waschi-Geschwafel und auch keine Sonntagsreden. Ihr langes Lamento über »mehr Rücksicht« können Sie sich sparen. Werden Sie praktisch und konkret. Reden Sie über die berühmten W-Fragen: Wer soll was, wann, wo tun oder nicht mehr tun?

Auch wenn diese Strategie aus vielen Schritten besteht, die meisten davon betreffen das Weglassen: Verzichten Sie auf lange Monologe. Lassen Sie den Spott, die Sticheleien, die dummen Sprüche und andere Bissigkeiten weg. Verzichten Sie auf psychologische Analysen und pauschale Verallgemeinerungen. Ja, ein brauchbares Feedback ist knapp, sehr genau und verständlich.

Schlechtes Timing für ein kritisches Feedback

Nur weil jemand da ist, heißt das nicht, dass Sie dieser Person auch sagen können, was Sie stört. Denn Anwesenheit ist nicht gleich Aufnahmefähigkeit. Einfacher gesagt: Es gibt Situationen, in denen Sie besser auf eine kritische Rückmeldung verzichten. Egal, wie wichtig oder berechtigt Ihr Feedback auch ist, manchmal kann Ihnen Ihr Gesprächspartner einfach nicht folgen.

Hier ein paar Situationen, in denen Sie den anderen besser nicht kritisieren:

- Sie wollen Ihrem Schatz sofort sagen, dass das Sushi, das er gerade fabriziert hat, ein wenig versalzen ist. Leider hat sich Ihr Schatz gerade mit dem ultra-scharfen japanischen Küchenmesser in den Daumen geschnitten und blutet sehr stark.
- Sie wollen jetzt Ihrer Freundin sagen, dass sie auf dieser Landstraße viel zu schnell fährt. Bevor Sie ein Wort rausbekommen, drückt Ihre Freundin noch mal extra aufs Gaspedal, um vor der nächsten Kurve eine Gruppe von zehn Motorradfahrern zu überholen.
- Sie machen mit Ihrer Mutter einen Spaziergang. Dabei

wollen Sie ihr endlich sagen, dass Sie sich von ihr nicht mehr bevormunden lassen. Aber leider haben Sie sich mit ihr im Naturschutzgebiet verlaufen. Es regnet in Strömen, der Wind hat Orkanstärke erreicht und es gibt weit und breit keinen Handyempfang.

- Jetzt möchten Sie Ihrem fünfzehnjährigen Sohn ein paar kritische Worte zu seinen Schulleistungen sagen. Sie klopfen an seine Zimmertür und finden Ihren Sohn auf dem Bett, wo er mit seiner ersten Freundin herumknutscht.
- Sie würden den schrägen Typen, der sich in der Warteschlange vorgedrängelt hat, gern kritisieren. Aber der Typ spielt gerade mit seinem Klappmesser und grummelt ständig: »Ich bring sie alle um! Ich werde alle töten!«

Fazit: Bevor Sie Ihr Gegenüber kritisieren, achten Sie darauf, ob dieser Mensch auch wirklich aufnahmefähig ist.

Die Kluft zwischen Wissen und Tun

Viele Leute wissen, wie man sachlich kritisiert. Sie, liebe Leserin bzw. lieber Leser, wissen das wahrscheinlich auch. Aber dann kommt das große Aber.

Aber im Alltag geht die Sache leider oft schief. Warum?

Bei vielen Menschen gibt es eine Kluft zwischen dem, was sie theoretisch wissen, und dem, was sie tatsächlich tun. Sie wissen, dass das Lautwerden nichts bringt und schreien trotzdem herum. Theoretisch wissen sie, dass man andere Leute nicht von oben herab zutexten sollte, aber dann halten sie dem anderen doch erst einmal eine lange Standpauke. Die meisten wissen, dass man sich gegenseitig ausreden lassen sollte. Aber kaum erklärt der Gesprächspartner seine Sicht der Dinge, da wird er unterbrochen, weil er angeblich die Fakten völlig verdreht. Und schon ist es aus mit dem Zuhören.

Wieso tun wir nicht das, von dem wir theoretisch wissen, dass es gut und richtig ist?
Wenn es um Kritik geht, ist die Antwort ganz einfach: Es liegt am Ärger. Die Tatsache, dass wir stinksauer sind, kann die ganze schöne Theorie über den Haufen werfen.
Solange glühender Ärger durch unsere Blutbahnen tobt, scheint es fast unmöglich, ruhig und sachlich mit jemandem zu reden. Das ärgerliche Gefühl schließt unser Denken kurz und lässt uns spontan Sätze sagen, wie »Mein Gott, wie kann man nur so einen Mist verzapfen! Bin ich der Einzige, der in diesem Laden sein Gehirn benutzt?«.
Wenn der Ärger die Regie übernommen hat, verschwinden zuerst der ruhige Tonfall und dann auch noch die überlegte Wortwahl. Stattdessen fabriziert das Gehirn vorzugsweise Bist-du-blöd-Aussagen. Die Folgen davon sind allgemein bekannt. Wird unser Gesprächspartner dermaßen angeschnauzt, lässt er innerlich Jalousien runter und geht in eine Kampfhaltung.
Dennoch: Der Ärger ist kein Fehler. Es ist vollkommen in Ordnung, sauer zu sein und sich aufzuregen. Das Gefühl des Ärgers ist kein Problem. Das, was wir daraus machen, kann allerdings problematisch sein.

Wie Sie Ihren Ärger ausdrücken können, ohne jemanden anzugreifen

Ihr Ärger wird zu einer echten Belastung, wenn Sie ihn ungehemmt ausagieren. Also wenn Sie beispielsweise vor Wut alles kurz und klein schlagen oder andere Leute verbal attackieren. Wenn Sie also destruktiv werden.
Solche destruktiven Handlungen, die aus dem Ärger erwach-

sen, können problematisch sein. Sich aber verärgert oder wütend *zu fühlen*, ist hingegen total in Ordnung.
Sie müssen Ihre ärgerlichen Gefühle keinesfalls unterdrücken, verdrängen oder in den Keller sperren. Ihr Gegenüber darf ruhig wissen, dass Sie sauer sind. Reden Sie darüber, wie Sie sich fühlen. Sagen Sie Ihrem Gegenüber in einfachen Worten, dass Sie verärgert sind. Also keine unsachlichen Schimpfereien, sondern klare Sätze, die darüber Auskunft geben, was mit Ihnen los ist. Etwa so: »Im Moment bin ich so wütend, ich könnte die Wände hochgehen.« Oder: »Ich bin extrem genervt, weil du diesen wichtigen Termin nicht eingehalten hast.« »Ich war fassungslos, als ich das Durcheinander gesehen habe. Und ich bin immer noch richtig stinksauer.«
Diese Art, über die eigenen Gefühle zu sprechen, wird in Fachkreisen auch Ich-Botschaften genannt. Diese Ich-Botschaften sind Aussagen, mit denen Sie über Ihren emotionalen Zustand sprechen. Falls Sie bisher immer frei nach Schnauze geschimpft haben, ist das Ganze für Sie anfangs noch etwas gewöhnungsbedürftig.

Mein Tipp

Trainieren Sie die Ich-Botschaften. Üben Sie, im Alltag öfter zu sagen, wie es Ihnen geht. Etwa so: »Ich war besorgt, weil du nicht angerufen hast.« »Ich bin etwas irritiert, weil wir die Reiseunterlagen immer noch nicht bekommen haben.« »Ich fühl mich nicht wohl, wenn Sie mir solche intimen Dinge über andere Kollegen erzählen.«

Anfangs brauchen Sie vielleicht ein wenig Bedenkzeit, um herauszufinden, was mit Ihnen los ist und wie Sie Ihre Empfindungen am besten in Worte fassen können. Nehmen Sie sich ruhig Zeit, um zu fühlen, wie es Ihnen geht. Und dann versuchen Sie, dafür die passenden Worte zu finden. Die Ich-Botschaften sind eine gute Möglichkeit, den Ärger auszudrücken, ohne dabei unsachlich zu werden.

Ärger, Aufregung und Wut – alles eine Sache des Denkens

Unser Ärger entsteht im Kopf. Wir können Ärger und Wut in uns auslösen, indem wir uns ganz bestimmte Gedanken machen. Das geht ganz leicht, wenn wir gedanklich immer wieder um eine Unannehmlichkeit oder einen Fehler kreisen.
Stellen Sie sich vor, Ihr Telefonanbieter schickt Ihnen eine Rechnung, die ganz offensichtlich falsch ist. Es stehen dort Positionen, die Sie niemals in Anspruch genommen haben. Der Rechnungsbetrag ist um das Dreifache höher als das, was Sie normalerweise bezahlen. Sie sehen mit einem Blick: Die Rechnung ist eindeutig falsch. Soweit die Tatsachen. Wie kommt jetzt der Ärger zustande?
Damit Sie sich so richtig ärgern können, müssen Sie sich ein paar Gedanken machen. Denn nur Ihre Gedanken können Sie ärgerlich machen. Das leuchtet ein – oder? Wie sollte eine Rechnung, die nur aus ein paar bedruckten Seiten Papier besteht, direkt in Ihren Gefühlshaushalt eingreifen können? Bedrucktes Papier allein kann Sie nicht verärgern.
Was denken Sie über diese falsche Rechnung? Eine Rechnung, die drei Mal so hoch ist, wie das, was Sie üblicherweise zahlen? Durch welche Gedanken werden Sie so richtig ärgerlich?
Ja, genau! Es sind Gedanken wie diese: »Das ist doch eine Riesensauerei. Wenn die Idioten denken, dass ich das bezahle, dann haben die sich geschnitten. In dem Sauladen gibt es

keinen, der die Rechnungen kontrolliert. Also das muss ich mir nicht bieten lassen! Die können sich auf was gefasst machen!!!«

Mein Tipp

Beobachten Sie Ihre Denkgewohnheiten. Mit welchen Gedanken machen Sie sich ärgerlich? Wenn Sie diese Gedanken bewusst merken, können Sie sie auch loslassen.

Lassen Sie uns die ganze Sache noch ein bisschen stärker in diesem Gedankenkarussell drehen. Stellen Sie sich vor, dass Sie sich über diese Rechnung stundenlang Gedanken machen. Sie verbeißen sich regelrecht in diese Angelegenheit. Sie malen sich aus, dass da böse Leute am Werk sind, die darauf aus sind, Sie abzuzocken.

Genau so machen Sie aus einem kleinen Ärgernis eine Wutattacke. Das Ärgergefühl, das jetzt durch Ihren Körper tobt, führt dazu, dass Ihr Kopf sich noch mehr negative Dinge ausdenkt. Und das macht Sie wiederum noch ärgerlicher. Und weil Sie immer zorniger werden, denkt sich Ihr Kopf noch mehr Gedanken aus, die dazu passen und durch die Sie noch mehr in Rage geraten.

Nun stellen Sie sich vor, Sie sind so richtig auf Hundertachtzig. Sie greifen zum Telefonhörer und rufen Ihren Telefonanbieter wegen der falschen Rechnung an. Und tatsächlich, Sie bekommen am Ende der Leitung jemanden zu fassen, der mit Ihnen redet. Wie wird das Gespräch wohl verlaufen? Und was passiert mit Ihnen, wenn Sie keine Person zu fassen bekommen, sondern nur in der Warteschlange der Hotline landen?

Mein Tipp

Steigern Sie sich nicht in den Ärger rein. Bleiben Sie innerlich nicht bei dem stehen, was schief gegangen ist. Achten Sie darauf, dass Ihre Gedanken in Richtung Handeln gehen, und überlegen Sie, was Sie tun können. So können Sie die Ärgerenergie in sinnvolle Bahnen lenken.

Viele Menschen, die sich durch ihre Gedanken in den Ärger hineinsteigern, merken nicht, was sie tun. Sie behaupten, die Sache, um die es geht, hätte sie wütend gemacht. »Die falsche Rechnung hat mich total auf die Palme gebracht.« Das stimmt nicht ganz.

Die Rechnung allein kann keinen Ärger auslösen. Um so ein Gefühl zu haben, brauchen wir ein Gehirn, das eine negative Bewertung abgibt. Einfacher gesagt: Das Denken sagt uns, was die Dinge für uns bedeuten. Und dabei gilt die Regel: Je mehr negative Gedanken wir uns machen, umso mehr negative Gefühle haben wir. Was wir denken, fühlen wir auch.

Genau da ist auch der Ausweg aus dem ganzen Ärger. Wir können zwar nicht immer verhindern, dass etwas schiefläuft. Aber wir müssen uns deswegen nicht in den Ärger hineindenken. Wir könnten das Problem auch anpacken und lösen, ohne uns zuvor in Rage versetzt zu haben. Tatsächlich können wir eine Störung sogar effizienter und eleganter beseitigen, ohne den ganzen Ärgerstress.

Nehmen Sie bei sich selbst wahr, was Sie denken, wenn etwas schiefgegangen ist

So steigern Sie sich in den Ärger rein

Irgendetwas ist schiefgegangen und Ihnen gehen solche Gedanken oder ähnliche Gedanken durch den Kopf:

- *Der Idiot/diese blöde Kuh kann was erleben!*

- *Der/dem werde ich den Kopf zurechtrücken.*
- *Die werden mich kennenlernen!*
- *Das gibt jetzt ein Donnerwetter, da wird denen aber Hören und Sehen vergehen!*
- *Ich lass mich nicht unterbuttern! Die werden sich noch umgucken.*

Mit solchen Gedanken planen Sie kein konstruktives Kritikgespräch, sondern ziehen in den Kampf.

So machen Sie sich konstruktive Gedanken
Irgendetwas ist schiefgegangen und Sie denken in eine nützliche Richtung:

- *Oh, das stimmt so nicht! Mal kurz überlegen, was ich jetzt tun kann.*
- *Das möchte ich nicht so stehen lassen. Am besten ist es, wenn ich es gleich anspreche.*
- *Okay, ich kann das Ganze regeln, ohne auszurasten.*
- *Bevor ich was sage, nehme ich mir einen Moment Zeit, um die passenden Worte zu finden.*

Diese Gedanken helfen Ihnen, zur Besinnung zu kommen und ein sachliches Gespräch zu führen.

Wie aus einer Mücke eine ganze Elefantenherde wird

Unser Ärger schafft es, aus einer Mücke eine ganze Elefantenherde zu machen. Denn solange wir wütend sind, ist unsere Wahrnehmung verzerrt. Das, was uns stört, erscheint uns viel schlimmer, als es tatsächlich ist. Aus einem Patzer wird eine Sauerei. Aus einem Fehler wird eine Katastrophe. Ein bloßer Irrtum wird zu einem Debakel. Was passiert, wenn wir mit so einer verzerrten Wahrnehmung die Sache ansprechen und dem Betreffenden sagen, was uns stört?
Solange wir im Ärger schwimmen, werden wir sehr wahr-

scheinlich überzogen reagieren. Wir übertreiben mit dem, was wir dem anderen sagen. Erst wenn wir uns wieder beruhigt haben, also aus dem Ärger raus sind, können wir nüchtern abschätzen, wie groß der Schaden tatsächlich ist. Und dann – bei nüchterner Betrachtungsweise – stellen wir oft fest, dass wir in unserem aufgebrachten Zustand ein wenig übertrieben haben.

Wenn wir uns beruhigt haben, merken wir, dass die neue Kollegin keine bodenlose Frechheit begangen hat, als sie einfach unseren Joghurt aufgegessen hat. Sie kannte sich noch nicht mit den Nahrungsmittel-Gepflogenheiten in diesem Büro aus. Es war vielleicht einfach nur ein Versehen. Zu solchen milden Relativierungen sind wir erst fähig, wenn unser Ärger abgeklungen ist. Solange wir noch innerlich kochen, ist alles schlimm, böse und gegen uns.

Lassen Sie uns jetzt wieder praktisch werden. Ich möchte Ihnen zeigen, wie Sie mit Ihrem Ärger fertig werden, ohne ihn zu verdrängen.

Strategie: So managen Sie Ihren Ärger

1. Heißen Sie das Gefühl willkommen

Akzeptieren und begrüßen Sie Ihren Ärger oder Ihre Wut. Sagen Sie innerlich Ja zu dem, was Sie fühlen. Tun Sie das tatsächlich. Und meinen Sie es auch so.

Alle Ihre Gefühle sind Besucher, die zeitweilig bei Ihnen hereinschauen. Wehren Sie sich nicht dagegen. Jedes Gefühl braucht von Ihnen nur ein liebesvolles Okay. Trainieren Sie sich darin, jedes Ihrer Gefühle sanft anzunehmen. Auch Ihr Ärger oder Ihre Wut sind vollkommen richtig und dürfen da sein. Es ist Ihr Job, Ihre Wut oder Ihren Ärger einfach nur freundlich zu akzeptieren. Mehr nicht. Ein warmherziges Willkommen – mehr brauchen Ihr

Ärger oder Ihre Wut nicht, um in Ruhe abklingen zu können. Lassen Sie sich ein paar Minuten Zeit dafür.

2. Achten Sie darauf, welche Gedanken Ihnen durch den Kopf gehen

Sie haben sicherlich schon gemerkt, dass Sie sich mit Ihrem inneren Selbstgespräch in den Ärger hineinsteigern können. Sie können sogar alten Ärger immer wieder aufwärmen, indem Sie sich die dazugehörige Geschichte wieder und wieder in Gedanken erzählen. Weil Ihre Gedanken Sie ärgerlich machen, seien Sie aufmerksam für das, was Sie sich selbst erzählen. Sie sind ärgerlich? Welche Geschichte fabrizieren Sie da gerade? Erkennen Sie all die vielen Vermutungen und Unterstellungen, die Sie sich ausdenken und mit denen Sie Ihren Ärger wieder und wieder anstacheln?
Hier die Lösung: Heißen Sie alle Ihre Gedanken willkommen. Ja, es ist in Ordnung, dass Sie sich diese vielen Gedanken machen. Aber glauben Sie nicht, was Ihnen Ihre Gedanken erzählen. Denn Ihre ärgerlichen Gedanken sagen Ihnen nicht die Wahrheit über das Problem und Sie sagen Ihnen auch nicht die Wahrheit über andere Leute. Was Sie im Ärger denken, ist buchstäblich ausgedacht.

3. Handeln Sie erst, wenn Sie sich beruhigt haben

Sie können klügere Entscheidungen treffen und bessere Gespräche führen, wenn Sie nicht mehr vor Wut die Wände hochgehen. Deshalb: Kommen Sie erst von Ihrem Ärger runter, bevor Sie eine Entscheidung treffen. Erst wenn dieses Gefühl ein wenig abgeklungen ist, können Sie nüchtern überlegen, wie Sie die Sache klären wollen. Ganz wichtig: Nehmen Sie sich ausreichend Zeit, um sich zu überlegen, was für Sie das Wichtigste ist.

Du bist schuld!

Keiner von uns will sie, dennoch wird sie gern verteilt: die Schuld. Sie ist wie eine kochend heiße Kartoffel, die wir nicht in die Hand nehmen wollen und deshalb sofort an andere weiterreichen.

Der Mann konnte seinen Lieferwagen nicht rechtzeitig bremsen. An der roten Ampel ist er direkt auf den Pkw vor ihm aufgefahren. Er hat den Auffahrunfall verursacht und alle Fußgänger, die an der Ampel standen, haben es gesehen. Der Pkw-Fahrer steigt aus. Der Unfallfahrer steigt ebenfalls aus seinem Lieferwagen aus und sagt als Erstes: »Ich habe keine Schuld.«

Das Ehepaar Meier ist sauer, weil ihr neues Eigenheim nicht rechtzeitig fertig wird. Der Dachstuhl ist immer noch nicht errichtet worden. Auf der Baustelle erklärt der Bauleiter, dass das nicht seine Schuld ist. Der Zulieferer, der den Dachstuhl baut, hat geschlampt. Der Zulieferer wiederum schiebt die Schuld auf die Baufirma, die angeblich einen falschen Dachstuhl bestellt hat. Die Baufirma weist natürlich jede Schuld von sich. Sie haben alles richtig gemacht, es liegt am Zulieferer – und auch ein wenig am schlechten Wetter. Die Meiers erkennen schnell: Hier wird nur Schuld hin und her geschoben.

Die neue elektrische Zahnbürste gibt bereits nach einer Woche ihren Geist auf. Bei der Reklamation im Geschäft schüttelt der Verkäufer nur den Kopf: »Das kann nicht sein. Diese Zahnbürsten gehen nicht so schnell kaputt. Wahrscheinlich haben Sie die komplette Zahnbürste in heißes Wasser getaucht. Da haben Sie selbst Schuld.«

Wenn Sie bei einer Rückmeldung oder einer Kritik das Thema Schuld anschneiden, können Sie sofort erleben, wie Ihr Gegenüber in eine Verteidigungshaltung geht. Denn schuld sind immer die anderen.

Vielleicht kommt Ihnen jetzt der Gedanke, dass es ja gar nicht um Schuld geht, sondern um Verantwortung. Das klingt theoretisch richtig und in einer idealen Welt wäre Verantwortung statt Schuld eine echte Verbesserung. Aber in der wirklichen Welt, in der wir leben, sieht es leider anders aus. In unserem Alltag ist die Sache mit der Verantwortung nur eine etwas modernere Version der alten Schuldfrage.

So wird beispielsweise in vielen Unternehmen gern von Verantwortung gesprochen. Wenn etwas schiefläuft, wird gefragt, wer für diesen Fehler verantwortlich ist. Aber die Mitarbeiter lassen sich nicht durch die Worte täuschen. Hinter der Frage, wer verantwortlich ist, steckt die altbekannte Schuldfrage. Denn wer verantwortlich ist, hat die Schuld – und muss büßen. Büßen heißt so viel wie, derjenige, der die Schuld hat, wird nicht befördert, bekommt keine Privilegien und ist nicht mehr der Liebling vom Chef. Deshalb sind es auch immer die anderen, die den Mist gebaut haben. »Die Geschäftsführung ist dafür verantwortlich, dass das Projekt den Bach runtergegangen ist.« »Nein, die Leute unten an der Basis tragen die Verantwortung.« »Das gehört eindeutig in den Verantwortungsbereich der Abteilungsleiter.« Verantwortung wird gern übernommen, wenn alles glatt läuft. Wenn es aber schiefgeht, will es niemand gewesen sein.

Warnung

Wenn Sie Ihrem Gegenüber die Schuld geben, kann es sein, dass der Betreffende alles abstreitet. Die Schuldzuweisung blockiert oftmals eine gute Lösung.

Schuld kann eine Rolle spielen, wenn es um Straftaten oder Versicherungsfälle geht. Aber bei den allermeisten Dingen, die uns stören, bringt uns das Schuldverteilen nicht weiter. Bei Störungen und Fehlern geht es vor allem um Erkenntnis.

Es geht darum zu verstehen, warum etwas vergessen oder fehlerhaft erledigt wurde. Es geht um Ursache und Wirkung. Und es geht darum, dass sich die Störung in Zukunft nicht wiederholt.
Stellen Sie sich vor, in der Wohnung über Ihnen ist eine neue Mieterin eingezogen. Wenn diese neue Mieterin spätabends mit ihren Stöckelschuhen auf dem Parkettfußboden herumläuft, kriegen Sie in Ihrem Bett kein Auge zu. Ihre neue Nachbarin hat noch keine Ahnung davon, dass sie in eine sehr hellhörige Wohnung eingezogen ist. Würden Sie sich jetzt bei der neuen Nachbarin melden und ihr die Schuld daran geben, dass Sie nicht schlafen können, hätten Sie blitzschnell einen Streit vom Zaun gebrochen. Die Nachbarin braucht von Ihnen keine Schuldzuweisung, sie braucht eine sachliche Rückmeldung von Ihnen. Sie weiß nicht, was Sie in Ihrer Wohnung alles hören können. Also reden Sie mit ihr. Verhandeln Sie mit ihr darüber, wie sich die Störung verkleinern oder ganz abstellen lässt.

Mein Tipp

Statt Schuld zu verteilen, stellen Sie diese Frage: Wie können wir verhindern, dass sich dieses Problem wiederholt?

Die vier Zweigstellen einer großen Firma beschweren sich bei der Zentrale. Sie bekommen die notwendigen Mitteilungen oft viel zu spät, während unnötiger Datenmüll die Postfächer verstopft. Die Schuldfrage löst das Problem nicht. Im Gegenteil, sie verschlimmert es.
Jeder schiebt die Verantwortung weit von sich weg, hin zu einer anderen Abteilung. Die wiederum will auch nicht für das Problem verantwortlich sein und schiebt die Schuld

ebenfalls anderen Unternehmensbereichen in die Schuhe. Durch das Schuldverschieben wird das Betriebsklima immer schlechter, während das Problem weiterhin bestehen bleibt. Erst als der Vorgang nüchtern betrachtet wird und die Informationskanäle der Firma untersucht werden, kommt Klarheit in die Sache. Statt zu fragen, wer die Schuld hat, wird jetzt gefragt: Wo bleiben die Mitteilungen so lange liegen und warum? Und wie kann das Wichtige vom Unwichtigen besser getrennt werden? Nach welchen Kriterien werden die Informationen gefiltert und weitergeleitet? Mit diesen Fragen wurde das gesamte System der firmeninternen Kommunikation zuerst durchleuchtet und später korrigiert – ohne weitere Schulddebatten.
Wann immer etwas schiefläuft, können wir lernen. Wir können lernen, welche Verkettungen von Ereignissen und Handlungen zu diesem Fehler geführt haben. Wir können lernen, welche Informationen gefehlt haben und wo es Missverständnisse gab. Wir können lernen, welche neuen Absprachen notwendig sind, damit es in Zukunft besser läuft.
Alles, was uns stört, ist zum Lernen da.

Reden Sie über die Konsequenzen

In manchen Lebensbereichen brauchen Sie Leute, die einen Fehler schnell ausbügeln und ihn nicht wiederholen. Wenn Sie dort jemandem ein kritisches Feedback geben, ist es häufig auch sinnvoll, über mögliche Konsequenzen zu reden. Zeigen Sie dem anderen, was passiert, wenn der Fehler sich wiederholt.
Ein Beispiel: Der Inhaber eines Delikatessengeschäfts hatte einen Mitarbeiter eingestellt, der morgens das Geschäft öffnete, um die Waren der Lieferanten entgegenzunehmen. Die-

ser Mitarbeiter kam häufig zu spät. Die Lieferanten mussten auf ihn warten und waren entsprechend mürrisch. Ein Lieferant stellte die Waren einfach vor dem Geschäft auf dem Gehweg ab. Der Inhaber ermahnte seinen Mitarbeiter und verlangte von ihm Pünktlichkeit. Der Mitarbeiter war daraufhin eine Zeit lang pünktlich und dann passierte es wieder: Die Lieferanten standen morgens um 8 Uhr vor verschlossener Tür. Der Mitarbeiter kam schon wieder zu spät.
An diesem Punkt ist es wichtig, das Kritikgespräch zu verschärfen. Der Mitarbeiter braucht eine klare Ansage dazu, welche Folgen seine Unpünktlichkeit hat. Und er muss auch wissen, dass er im Moment nicht die Leistung abliefert, für die ihn der Geschäftsinhaber eingestellt und bezahlt hat. Die Konsequenz, die sich daraus ergibt, gehört auch in ein Kritikgespräch. Der Inhaber braucht jemanden, der zuverlässig und pünktlich ist. Und diese Leistung erbringt der Mitarbeiter nicht. Er arbeitet hier eindeutig an der falschen Stelle. Die Konsequenz: Entweder er wird innerhalb des Geschäfts in einen anderen Aufgabenbereich versetzt oder er verliert den Job.

Mein Tipp

Zeigen Sie die Konsequenzen nüchtern und sachlich auf. Lassen Sie das Ganze nicht wie eine Drohung klingen. Reden Sie darüber, welche Auswirkungen ein Fehler oder ein Versäumnis hat. Machen Sie deutlich, welche Ansprüche Sie haben und was Sie auf keinen Fall tolerieren. Und dann handeln Sie auch konsequent.

Verhandeln statt verbieten

Das Ziel vieler Rückmeldungen ist es, mit unserem Gegenüber etwas zu vereinbaren. Wir reden mit dem anderen darüber, wie sich das Problem lösen lässt oder wie eine Verbesserung aussehen könnte. Wir verhandeln.
Klingt einfach: Gemeinsam eine Vereinbarung treffen, um die Störung abzuschaffen oder zu minimieren. Theoretisch ist das einleuchtend, aber auch hier sieht die Praxis häufig anders aus. Viele Menschen neigen dazu, etwas Störendes zunächst einfach zu verbieten. Diese Denkposition lässt sich am besten so zusammenfassen: Das soll aufhören! Schluss damit und basta. Das Störende muss weg.
Der Versuch, das Störende zu verbieten, kann in eine Sackgasse führen. Jeder, der schon mal versucht hat, einem Jugendlichen seine laute Musik zu verbieten, kann ein Lied davon singen. Schauen wir uns die Realität an.
Eine Szene aus einem ganz gewöhnlichen Familienleben:
Dröhnende Bässe im Tempo eines Presslufthammers kommen aus dem Zimmer der 15-jährigen Tochter.
Der Vater steht im Flur und schreit: »Verdammt noch mal, Sophie! Dreh die Musik leiser!«
Die Presslufthammermusik geht in voller Lautstärke weiter.
Der Vater stürmt das Zimmer seiner Tochter und brüllt: »Ich hab gesagt, dreh die Musik leiser! Sofort!«
Sophie sitzt auf dem Bett und schreibt in ein Heft. Ohne hochzusehen ruft sie: »Das ist gar nicht so laut!«
Der Vater geht zum CD-Player und stellt ihn aus. Plötzliche Stille.
Sophie steht sofort auf, um das Gerät wieder anzustellen.

»Mann Papa! Was soll das?! Ich will das hören.« Die Musik geht weiter.
Der Vater schaltet das Gerät wieder aus. »Das ist viel zu laut. Was machst du hier überhaupt?«
»Ich mach meine Hausaufgaben. Und jetzt lass mich in Ruhe. Du nervst, Papa!«
»Bei diesem ohrenbetäubenden Krach kann niemand seine Hausaufgaben machen.«
»Ich kann das. Lass mich das hören und geh endlich weg.«
Sophie stellt den CD-Player wieder an. Volle Lautstärke.
Der Vater schreit: »So, jetzt ist aber Schluss! Pass mal auf: keine Musik mehr. Ich nehme dir sonst den CD-Player weg. Oder ich dreh die Sicherungen raus. Das ist kein Spaß mehr, Sophie!«
Sophie: »Oh Mann, du bist so was von daneben!« Sie dreht die Musik etwas leiser.
Vater: »Das ist immer noch zu laut.«
Sophie stöhnt genervt auf und regelt die Lautstärke noch einen Millimeter nach unten.
Vater: »Ich sag's dir noch mal: keine laute Musik mehr. Ich nehme dir das Gerät weg. Ich meine es ernst, Sophie!«
Sophie wirft sich aufs Bett. »Ja, ja, ja! Und tschüss! Ich muss Hausaufgaben machen.«
Eine halbe Stunde später dröhnt die Musik wieder in voller Lautstärke durch die ganze Wohnung.
An diesem Beispiel wird deutlich, dass das bloße Verbieten einer Störung meistens zu nichts weiter führt als zu einer Machtprobe, nach dem Motto: Mal sehen, wer der Stärkere ist.
Wir brauchen nicht viel Fantasie, um uns auszumalen, wie der Laute-Musik-Konflikt zwischen Vater und Tochter eskaliert. Wenn die Sache sich zuspitzt, wird meistens noch mehr von dem getan, was nicht funktioniert.
Gut möglich, dass der Vater sich durchsetzen will, indem er

noch mehr droht. Vielleicht macht er auch die eine oder andere Drohung wahr. Und die Tochter? Sie zeigt, dass sie sich von all dem nicht unterkriegen lässt. Von außen betrachtet ist das auch plausibel: Die Tochter kann nicht besser reagieren, als es ihr der Vater vormacht. Er zeigt Härte. Und sie hält ebenso hart dagegen. Er verhandelt nicht mit ihr. Also tut sie es auch nicht. Ganz nebenbei wird damit auch die nichtfunktionierende Kommunikation an die nächste Generation weitergegeben.

Die Kunst der Vereinbarung oder wie Sie eine Störung beseitigen können

Wenn Sie zu Hause (und im Job) diesen Dauerstress vermeiden wollen, dann stellen Sie sich innerlich auf Verhandlungen ein. Praktisch bedeutet das, ein echtes Gespräch zu führen, statt nur zu verbieten. Keine Drohungen aussprechen, sondern gemeinsam nach einer echten Lösung suchen. Und das geht natürlich am leichtesten, wenn zuvor »kein Blut geflossen ist«, also wenn sich die beiden Parteien nicht gegenseitig verletzt haben.

Mein Tipp

Falls Sie Ihren Gesprächpartner im Affekt wutentbrannt anfauchen, entschuldigen Sie sich anschließend dafür. Ohne Ihre ausdrückliche Entschuldigung wird es schwer sein, mit dem Betreffenden über eine vernünftige Lösung zu reden.

Wenn Ihre erste Reaktion immer das Verbieten, Schimpfen und Drohen ist, verderben Sie die Beziehung zu Ihrem Gegenüber. Sie zerschlagen zu viel Porzellan und damit machen Sie es für den anderen fast unmöglich, sich noch auf eine Verhandlung mit Ihnen einzulassen.

Nehmen wir an, der Vater aus dem Beispiel kommt zur Besinnung und bietet seiner Tochter jetzt endlich eine echte Verhandlung an. Wie wird sie reagieren nach all dem, was vorgefallen ist? Wahrscheinlich beißt der Vater zuerst bei ihr auf Granit. Sie wird vermuten, er will seine Verbotsmasche nur in einem neuen Gewand fortsetzen. Und der Vater wird seinerseits vermuten, dass seine Tochter mit ihm niemals vernünftig über die Sache reden will. Kurz gesagt: Die Beziehung zwischen den beiden ist an dieser Stelle gründlich verdorben. Auf beiden Seiten ist der gute Wille, sich zu verständigen, auf Null gesunken.

Bevor Vater und Tochter wirklich miteinander verhandeln können, ist es wichtig, dass sie aufhören, sich gegenseitig zu bekämpfen. Ein grundlegender Umschwung ist aber nur möglich, wenn die beiden sich auch für das entschuldigen, was sie im Affekt gesagt und getan haben. »Schwamm drüber« geht erst, nachdem man das zerschlagene Porzellan zusammen weggeräumt hat.

Lassen Sie uns kurz überlegen, worüber Vater und Tochter aus unserem Beispiel verhandeln könnten. Zuerst wäre zu klären, was der Vater für eine angemessene Lautstärke hält. Und was die Tochter für angemessen hält. Anschließend sind diese Fragen zu klären:

Können sich beide auf eine Lautstärke einigen, die nicht überschritten wird? Beispielsweise den Lautstärkeregler nie über 8. Und könnten gute Kopfhörer für die Tochter nützlich sein?

Was ist mit der Sorge des Vaters, dass die Tochter durch die laute Musik ihr Gehör schädigt? Und was ist mit den Bedürfnissen der Tochter, die ihre Lieblingsmusik so richtig voll aufdrehen will?

Auf gleicher Augenhöhe über eine Lösung verhandeln

Wenn beide Seiten offen über diese Fragen und Lösungsideen reden, kann es am Ende zu einer funktionierenden Vereinbarung kommen. Das geht aber nur, wenn sich alle Beteiligten zusammensetzen und auf weitere Kampfhandlungen verzichten. Ziel ist, eine Verabredung zu treffen, mit der beide Seiten einigermaßen gut leben können.

Wichtige Frage

? Was können Sie vorher tun, damit sich Ihr Gegenüber auf eine Verhandlung mit Ihnen überhaupt einlässt?

Wenn im Job nur noch nervtötender Frust herrscht, fehlen genau diese ausgehandelten Vereinbarungen. Schlechtes Betriebsklima und Leute, die bis zum Haaransatz in einer inneren Kündigung stecken, deuten auf eines hin: Hier gibt es keine funktionierende Feedback-Kultur. In solchen Brutstätten der Unzufriedenheit nützen wabernde Appelle im Sinne von »Wir brauchen mehr Teamgeist« überhaupt nichts.

Hier fehlen konstruktive Gespräche, in denen die alltäglichen Ärgernisse beim Namen genannt werden. Und es fehlen Vereinbarungen, durch die diese Ärgernisse beseitigt werden. Was hilft, sind Aussprachen, bei denen die Störungen auf den Tisch kommen und bei denen präzise Regelungen verabredet werden.

Jede Störung, die Sie in Ihrem Job bemerken, ist ein Ruf nach einer neuen Übereinkunft:

Wie wollen wir in diesem Büroraum (oder in dieser Firma) miteinander auskommen?

- Kann jeder Mitarbeiter seine eigene Orchideenzucht auf dem Fensterbrett betreiben? Und kann er dann die Zuchterfolge unter der Hand an andere Kollegen verkaufen?
- Gibt es Grenzen für die Anzahl der Grünpflanzen am Arbeitsplatz?
- Ist es in Ordnung, wenn man über den Firmencomputer seine privaten Mails verschickt?
- Kann der Chef sich wirklich aus jedem Konflikt raushalten und verlangen, dass die Mitarbeiter ihre Streitereien unter sich ausmachen.
- Kann der Projektleiter sämtliche Arbeitsergebnisse seines Teams als seine eigene Leistung ausgeben?

Wo Frust herrscht, fehlen gute Vereinbarungen. Ob beruflich oder privat, wir brauchen immer wieder konkrete Verabredungen, mit denen wir die Dinge des täglichen Miteinanders regeln.

Sorgen Sie für eine Regelung, mit der alle leben können

Eine gute Vereinbarung sorgt dafür, dass die Beteiligten nicht nur rein egoistisch auf ihren persönlichen Vorteil oder ihre eigenen Bedürfnisse schauen. Es geht darum, eine Balance zu finden, die für alle akzeptabel ist.

Sie können eine Vereinbarung zu zweit aushandeln, zum Beispiel mit Ihrem Kollegen, einem Nachbarn oder Ihrem Partner zu Hause. Das Ganze funktioniert auch in der Gruppe, beispielsweise als Familienkonferenz oder in Form einer Teambesprechung am Arbeitsplatz. Ob Sie nun zu zweit oder mit mehreren Personen reden, am wichtigsten sind drei Punkte:

1. Alle wissen, worum es geht, und wollen auch darüber reden.
2. Das Gesprächsklima bleibt sachlich und konstruktiv.
3. Jeder darf seine Meinung äußern. Und jeder darf ausreden, ohne dass er unterbrochen wird. Bleiben Sie streng bei dem Thema, über das Sie gemeinsam reden wollen. Das Thema lautet: Wie wollen wir dieses Problem lösen? Die Betonung liegt auf *dieses* Problem. Nicht alle Probleme zusammen besprechen, sondern einzeln, nacheinander. Und dabei streng beim jeweiligen Thema bleiben. So wird verhindert, dass sich das Gespräch in Nebensächlichkeiten verliert. Denken Sie daran: Es geht um Lösungen. Es geht nicht darum, wer Schuld hat oder wer der Bösewicht ist.

Stellen Sie sich und Ihrem Gegenüber (oder der Gruppe) eine dieser Fragen:

- Wie wollen wir in Zukunft die Sache regeln?
- Was können wir morgen und übermorgen tun, damit es besser läuft?
- Welche Regelung wäre für alle Beteiligten gerecht?

Eine Vereinbarung wird nicht diktiert, sie wird ausgehandelt. Und wie es bei Verhandlungen üblich ist, gibt es dabei meistens ein Tauziehen. Es geht hin und her. Damit Sie dieses Tauziehen gut aushalten können, brauchen Sie eine große Portion Geduld und einen unerschütterlichen Optimismus.

Manche Probleme lassen sich nicht in einem einzigen Verhandlungsgespräch zufriedenstellend lösen. Das macht nichts. Dann reden Sie eben öfter über die Sache. Wichtig ist nur, dass Sie und Ihr Gegenüber sich nicht ständig im Kreis drehen. Um das zu verhindern, habe ich für Sie einen kleinen Leitfaden zusammengestellt. Mit den Tipps, die Sie dort finden, können Sie die Verhandlung lenken und konsequent eine Lösung anstreben.

Strategie: So können Sie eine neue Vereinbarung aushandeln

Nennen Sie das Problem beim Namen

Sagen Sie klar, aber ohne Angriffe, was Sie konkret stört. Orientieren Sie sich an der Gesprächsstrategie: »Die einfache Art, anderen zu sagen, was Sie stört« ab Seite 53.

Erkennen Sie, was der andere will

Fragen Sie Ihr Gegenüber nach seinen Absichten und Beweggründen. Eine hilfreiche Frage lautet: Welches (positive) Bedürfnis steckt hinter dem, was der andere tut (oder nicht tut)?

Respektieren Sie die Bedürfnisse des anderen

Überlegen Sie bitte auch: Wie könnte Ihr Gegenüber sein Bedürfnis ausleben, *ohne* Sie zu stören?

Respektieren Sie Ihre eigenen Wünsche

Welches Bedürfnis haben Sie bei der Angelegenheit, um die es geht? Was möchten Sie erreichen? Was möchten Sie verhin dern? Finden Sie dafür die passenden Worte und sagen Sie es Ihrem Gegenüber.

Suchen Sie nach einer gemeinsamen Lösung, mit der beide Seiten gut leben können

Welche Übereinkunft würden Sie als fair empfinden? Welche Lösung würde auch den anderen, also die Gegenseite, zufriedenstellen? Diskutieren Sie gemeinsam über verschiedene Ideen. Ganz wichtig: Nehmen Sie sich Zeit für diesen Teil des Gespräches.

Treffen Sie eine Vereinbarung

Feilen Sie an einer Lösungsidee, die alle Beteiligten als fair empfinden. Und dann machen Sie daraus eine konkrete Vereinbarung. Wie wollen Sie die Sache in Zukunft gemeinsam mit Ihrem Gegenüber handhaben? Worauf können Sie sich zusammen einigen? Formulieren Sie zum Schluss eine konkrete Regelung, die beide Seiten akzeptieren.

Zeigen Sie Ihre Wertschätzung für jeden noch so kleinen Fortschritt – und seien Sie bereit, weiter zu verhandeln

Überprüfen Sie im Alltag: Wie funktioniert die neue Vereinbarung? Was läuft gut? Was ist noch verbesserungswürdig? Alles, was sich zum Besseren verändert hat, braucht Ihre deutliche Anerkennung. Zeigen Sie Ihrem Gegenüber, dass Sie die positive Veränderung bemerkt haben und dass Sie sich darüber freuen. Aber stellen Sie sich auch darauf ein, dass eine neue Vereinbarung immer ein wenig Zeit braucht, bis alles reibungslos klappt. Machen Sie aus dem, was noch nicht klappt, kein Drama. Sie waren auf dem richtigen Weg. Gehen Sie dort noch ein Stück weiter. Überprüfen Sie gemeinsam mit Ihrem Gegenüber, was Sie noch verbessern könnten. Nachverhandeln – das ist kein Problem.

Mehr als nur leeres Gerede oder wie Sie eine Vereinbarung haltbar machen

Vereinbarungen aushandeln ist eine Sache. Auf einem anderen Blatt steht die Frage, ob sich alle Beteiligten auch an das halten, was sie verabredet haben.

Manchmal begegne ich Menschen, die bei diesem Thema schon von vornherein resigniert haben. Sie meinen, das Aushandeln von Vereinbarungen lohne sich ja doch nicht, weil sich am Ende keiner daran hält. Dahinter steckt oft die Erfahrung, dass Worte nur Schall und Rauch sind. Ein Versprechen kann auch nur bloßes Gerede sein. Und tatsächlich: Reden und Tun sind wirklich zwei verschiedene Paar Schuhe. Also was bringt Ihren Gesprächspartner dazu, sich an eine getroffene Verabredung tatsächlich zu halten?

Und bei der Gelegenheit auch gleich eine kleine Frage an Sie: Was bringt *Sie* eigentlich dazu, sich an eine Vereinbarung zu halten?

Die Chancen, dass eine Vereinbarung freiwillig eingehalten wird, steigen,

... wenn die Übereinkunft wirklich mit allen Beteiligten ausgehandelt wurde,
... wenn dabei jeder seine Meinung frei äußern konnte,
... wenn die Vereinbarung von allen als faire Regelung angesehen wird.

Die Chancen, dass eine Vereinbarung gebrochen oder ignoriert wird, steigen...

... wenn die Regelung von oben kommt und allen Beteiligten aufgezwungen wird,
... wenn die Beteiligten dabei nicht ihre Meinung äußern konnten,
... wenn eine Seite das Gefühl hat, nur zu verlieren, während die andere Seite nur gewinnt.

Was immer Sie mit Ihrem Gegenüber verabreden, eine gesunde Portion Realismus und Menschenkenntnis sind dabei nie verkehrt. Manchmal ist es sinnvoll, die Messlatte nicht zu hoch anzulegen. Oft sind kleine konkrete Veränderungen leichter machbar als die ganz große Revolution, bei der alles komplett umgekrempelt wird. Arbeiten Sie sich mit Ihrem Gegenüber von A nach B und dann weiter nach C. Aber versuchen Sie nicht, in einem Rutsch gleich bei XYZ anzukommen. Kleine Brötchen backen ist besser als eine umwälzende Vereinbarung, die am Ende drei Nummern zu groß ist und deshalb nicht eingehalten werden kann. Denken Sie daran: Das Feedback geben und die gemeinsame Suche nach einer Lösung ist keine Aktion, die man nur einmal im Leben durchführt und dann nie wieder. Es ist vielmehr ein ständiges Pingpong-Spiel zwischen Ihnen und Ihren Mitmenschen. Das Ganze hört nicht auf und ist auch nie vollendet. Feedback geben und Störungen ansprechen ist, wie das Leben selbst, ein ständiger Entwicklungsprozess.

Gut kritisiert und nix passiert?

Sie haben es sicherlich schon gemerkt: Im wirklichen Leben gibt es keine Garantien. Das gilt vor allem für die zwischenmenschliche Kommunikation. Es kann vorkommen, dass Sie eine sachliche Rückmeldung abgeliefert haben, aber nichts passiert. Die Störung bleibt, der Fehler wiederholt sich oder Ihr Gegenüber tut gar nichts mehr. Sie haben das Gefühl, gegen eine Wand zu reden. Woran liegt das?
Es kann daran liegen, dass Ihre Art der Kommunikation nicht ganz so wirkungsvoll war, wie Sie dachten. Von Ihrer Seite aus war die Sache klar. Aber hat Ihr Gegenüber dieselbe Klarheit wie Sie? Ist das, was Sie sagen wollten, wirklich beim anderen angekommen?

Und kann Ihr Gegenüber überhaupt das tun, was Sie sich von ihm wünschen? Ich möchte Ihnen hier zeigen, warum Ihre Kritik wirkungslos verpuffen kann und wie Sie die Sache dennoch retten können.

Die sechs häufigsten Gründe, warum eine Rückmeldung keine Wirkung zeigt und was Sie tun können

1. Ihre Rückmeldung war unverständlich

Das kann passieren: Irgendetwas ist schiefgelaufen und Sie haben Ihre Kritik sofort an den Mann oder an die Frau gebracht. Leider ohne sich vorher klarzumachen, was genau der Knackpunkt ist, auf den Sie abzielen. Irgendwie haben Sie spontan alles rausgelassen, was Ihnen durch den Kopf ging. Ihr Gegenüber ist aus Ihrem Wortsalat nicht schlau geworden. Wahrscheinlich hat der Betreffende einfach »Ja, ja!« gesagt und Sie haben irrtümlicherweise geglaubt, Ihr Gegenüber hätte alles kapiert. Hat er aber nicht. Die Regel lautet: Aussprechen reicht nicht. Ihre Worte müssen auf der anderen Seite auch richtig verstanden werden.

Das können Sie tun:

Sagen Sie es noch einmal. Aber überlegen Sie sich vorher, was Sie mit Ihrer Kritik ausdrücken wollen. Was ist der Knackpunkt? Was soll sich genau ändern? Die Betonung liegt auf dem Wort genau. Werden Sie präzise. Machen Sie kurze Sätze. Und überprüfen Sie, ob das, was Sie gesagt haben, auch von Ihrem Gegenüber richtig verstanden wurde.

2. Ihre Rückmeldung war nur eine allgemeine Sonntagsrede
Sie wollten etwas Wichtiges sagen. Und dann haben Sie weit ausgeholt. Wahrscheinlich haben Sie dabei so bedeutsame Dinge zur Sprache gebracht wie beispielsweise den gegenseitigen Respekt, die Notwendigkeit der vertrauensvollen Zusammenarbeit und die Grundzüge des Humanismus. Eigentlich wollten Sie auf einen bestimmten Missstand hinwiesen, aber leider ist das in Ihren fundamentalen Ausführungen nicht so recht deutlich geworden. Oder Ihr Gegenüber ist bei den entscheidenden Worten kurz eingenickt. Um es etwas direkter zu sagen: Das Ganze war zu lang und zu umständlich. Was gefehlt hat, war eine kurze, präzise Ansage von Ihnen. Die Regel lautet: Durch weitschweifige Sonntagsreden ändert sich nichts.

Das können Sie tun:
Lassen Sie die allgemeinen Ausführungen weg. Kommen Sie gleich zur Sache. Was genau ist schiefgelaufen? Was genau soll anders oder besser gemacht werden? Sagen Sie das Ihrem Gegenüber ohne Umschweife und in klaren Worten.

3. Ihre Rückmeldung war gleich mehrere Nummern zu groß
Sie wollten viel zu viel vom anderen. Vielleicht haben Sie einen ganzen Kübel voller Kritik über Ihren Gesprächspartner ausgekippt oder Ihr Änderungswunsch war zu umfangreich. Die meisten Menschen können Ihr Verhalten nur in kleinen Schritten ändern. Und dann auch immer nur eine Sache zur selben Zeit. Wenn Sie alles ändern wollen und das auch noch sofort, überfordern Sie Ihr Gegenüber. Der Betreffende erstarrt, weil er nicht weiß, was er als Nächstes tun oder lassen soll. Oder er resigniert, weil er Ihren hohen Ansprüchen sowieso nie genügen wird.

Das können Sie tun:
Denken Sie in kleinen Schritten. Was soll zuerst passieren? Und was kommt danach? Ein Schritt nach dem anderen statt in einem Rutsch den Mount Everest versetzen zu wollen. Bei mehreren Kritikpunkten fangen Sie mit dem Punkt an, der jetzt dran ist oder der Ihnen am wichtigsten ist. Zerlegen Sie den Kritikpunkt in seine Einzelteile. Was genau wünschen Sie sich von Ihrem Gegenüber? Was kann der Betreffende gleich heute bzw. schon morgen tun oder lassen? Und jetzt lassen Sie Ihr Gegenüber den ersten Schritt machen. Und dann kommt der zweite dran und dann der dritte. Ja, es stimmt – dafür brauchen Sie Geduld.

4. Sie haben den anderen mit Ihrer Rückmeldung verletzt
Das kann passieren, obwohl Sie es nicht wollten. Vielleicht dachten Sie, die Rückmeldung klingt nicht ganz so streng, wenn Sie sie in einen kleinen Scherz verpacken. Aber Ihr Witz kam auf der anderen Seite überhaupt nicht an. Ihr Gegenüber hatte das Gefühl, Sie machen sich über Ihn lustig. Ein anderes Beispiel: Sie haben sich Mühe gegeben, dem anderen haarklein zu erklären, warum er eine bestimmte Sache in Zukunft anders machen muss. Ihre Ausführungen waren sehr genau und sehr anschaulich. Aber Ihr Gegenüber kam sich vor, als würden Sie ihn wie ein kleines Kind behandeln. Und das hat ihn gekränkt. Oder Sie waren tatsächlich angriffslustig und der andere hat das gemerkt, obwohl Sie sich alle Mühe gegeben haben, sachlich zu klingen. Am Ende ist es völlig egal, wie Sie die Rückmeldung gemeint haben. Entscheidend ist nur, wie Ihre Worte beim anderen angekommen sind. Wenn Ihr Gegenüber sich gekränkt fühlt, geht sein guter Wille in den Untergrund und der Betreffende verliert jede Motivation, auf Ihre Rückmeldung einzugehen.

Das können Sie tun:
Fragen Sie den anderen, was ihn so geärgert oder verletzt hat. Ganz wichtig: Seien Sie jetzt bereit, sich kritisieren zu lassen. Hören Sie sich in Ruhe an, dass Ihre Witze gar nicht so witzig sind. Lassen Sie sich von Ihrem Gegenüber sagen, dass er von Ihnen keine haargenaue Anleitung braucht. Oder dass Ihr Tonfall wirklich zu bissig war. Und dann entschuldigen Sie sich beim anderen. Ab jetzt wissen Sie, wie Sie Ihre Rückmeldung verletzungsfrei formulieren können.

5. Die Beziehungsebene war vergiftet
Ihr Gegenüber will nicht mit Ihnen kooperieren. Der Betreffende denkt gar nicht daran, Ihnen auch nur einen Millimeter entgegenzukommen. Der Grund dafür: Ihre Rückmeldung ist auf einem Scherbenhaufen gelandet. Sie und Ihr Gegenüber haben sich vorher aktiv gestritten oder eine lautlose Zwietracht gepflegt. Jetzt gibt es zu viel Misstrauen und wahrscheinlich auch zu viele gegenseitige Verletzungen. Deshalb funktioniert die gemeinsame Beziehung nicht. Bei Ihrem Gegenüber gibt es aufgrund dieser Streitigkeiten im Moment keinen guten Willen. Damit Ihre Rückmeldung funktioniert, brauchen Sie aber den guten Willen Ihres Gegenübers.

Das können Sie tun:
Räumen Sie zuerst den Scherbenhaufen weg. Klären Sie den Streit. Reden Sie mit dem anderen über das, was bisher vorgefallen ist. Sie können den guten Willen beim anderen nur wiederherstellen, wenn Sie bereit sind, sich die gegenseitigen Verwundungen anzuschauen. Was hat den anderen so verletzt? Und was hat Sie so verletzt oder geärgert? Weshalb ist das Klima zwischen Ihnen beiden so schlecht geworden? Klären Sie das in einem oder mehreren gemeinsamen Gesprächen. Erst wenn Sie den grundlegenden Konflikt ausgeräumt

haben, kann beim anderen wieder ein guter Wille entstehen. Und erst dann wird der Betreffende Ihnen wieder entgegenkommen. Die Regel lautet: Ohne eine gute Beziehung gibt es keine Kooperation.

6. Sie wollten mit Ihrer Rückmeldung Ihr Gegenüber verändern

Nein, das wird nicht funktionieren. Sie können einen Menschen nicht durch ein Kritikgespräch oder ein Feedback grundsätzlich ändern. Vielleicht dachten Sie, das, was Sie vom anderen wollten, wäre eigentlich nicht so schwer. Schließlich kriegen Sie das doch auch hin. Sie schaffen das, was Sie von Ihrem Gegenüber verlangen. Also müsste der das doch auch schaffen. Aber es ist ein Fehler, von sich auf andere zu schließen. Nur weil Sie etwas können, muss das nicht heißen, dass andere Menschen das auch hinbekommen. Andere Menschen sind nun buchstäblich anders. Insgesamt werden Menschen sehr trotzig, wenn man versucht, ihren Charakter umzuformen. Letztendlich wollen wir alle so akzeptiert werden, wie wir sind.

Das können Sie tun:

Sie können Ihr Gegenüber nicht ändern, aber Sie können mit dieser Person im Gespräch bleiben. Reden Sie mit dem anderen darüber, ob Sie das, was Sie wollen, doch noch von ihm bekommen können. Und wenn nicht, dann reden Sie darüber, wie Sie beide in Zukunft miteinander auskommen wollen. Denken Sie auch darüber nach, was Sie *bei sich* ändern können. Wie können Sie mit der Störung umgehen, während Ihr Gegenüber so bleibt, wie er ist? Oftmals läuft es darauf hinaus, dass Sie sich ein dickeres Fell zulegen. Oder dass Sie sich nach anderen Leuten umsehen, die das können, was Sie sich wünschen.

Woran liegt es, dass trotz Ihrer gut formulierten Rückmeldung nichts passiert? Wieso verpuffen Ihre Worte wirkungslos im Weltall? Ersparen Sie sich das Rätselraten. Sie können das ganz einfach herausfinden: Fragen Sie Ihr Gegenüber. Miteinander reden ist immer noch das beste Mittel, um Unklarheiten zu beseitigen. Stellen Sie dem anderen ein bis zwei einfache Fragen. Nur Fragen stellen, aber keine Vorwürfe machen. Warum hat Ihr Gegenüber Ihre Bitte nicht erfüllt? Warum hat sich die Störung wiederholt? Weshalb ist der Fehler wieder aufgetreten? Hören Sie genau zu, was Ihr Gegenüber Ihnen zu sagen hat.

Zu guter Letzt ist es auch wichtig, dass Sie die Grenzen einer Kritik oder eines Feedbacks klar erkennen. Und die Grenze lautet: Sie haben keine Allmacht über andere Menschen. Egal, wie konstruktiv und sachlich Sie kritisieren, Ihr Gegenüber muss Ihnen nicht gehorchen. Kurz gesagt: Wenn der andere nicht will, sind Sie machtlos. Das ist die Grenze jeder Gesprächsführung.

Mit Samthandschuhen oder wie Sie hypersensible Menschen kritisieren können

Kritik ist für niemanden eine leichte Sache. Wir alle sind sehr empfindsam, wenn wir kritisiert werden. Auch diejenigen unter uns, die sich ein robustes Image zugelegt haben, reagieren sensibel, wenn jemand an ihnen etwas auszusetzen hat. Aber es gibt einige Zeitgenossen, die noch um einiges empfindlicher sind als der Durchschnitt. Diese hypersensiblen Menschen wollen nicht hören, dass sie etwas schlecht oder falsch gemacht haben. Schon bei dem Wort Kritik geraten die Hypersensiblen in helle Aufregung.

Für diese empfindlichen Menschen ist jede kritische Äußerung ein Angriff auf ihr gesamtes Selbstwertgefühl. Durch eine kritische Rückmeldung fühlt sich der Betreffende komplett infrage gestellt. Egal, wie sachlich Sie Ihre Störungsmeldung auch ausdrücken, ein Hypersensibler wird darauf wahrscheinlich emotional reagieren. Denn Ihre negative Kritik wirkt beim anderen so, als hätten Sie dem Betreffenden gesagt, er sei ein wertloser Mensch, der keine Anerkennung und keinen Respekt verdient.

Hier einige der häufigsten Reaktionen, mit denen hypersensible Menschen eine Kritik abwehren:

- Sie sagen, was Sie stört, und der Hypersensible schlägt gleich aufgebracht zurück, indem er Sie angreift. Oft mit lauter Stimme, etwa so: »Was bilden Sie sich eigentlich ein? Ich lass mir von Ihnen nichts sagen. Sie sind ja nur eine Nullnummer.«

- Einige Hypersensible (meistens Frauen) brechen sofort in Tränen aus.
- Andere ziehen sich schmollend zurück, um dann tagelang kein Wort mehr mit Ihnen zu reden.
- Fast alle Hypersensiblen kauen innerlich sehr lange an der Kritik herum. Sie denken darüber nach, fühlen sich schlecht und finden in Gedanken stundenlang Gegenargumente zu dem, was Sie gesagt haben. Es kann passieren, dass ein Hypersensibler heute noch ärgerlich ist, weil Sie vor drei Jahren eine kritische Bemerkung gemacht haben.

(Vielleicht merken Sie gerade, dass Sie auch hypersensibel sind. In dem Fall empfehle ich Ihnen besonders das Kapitel »Reagieren Sie überempfindlich auf Kritik?« ab Seite 159.)

Wenn Sie einem hypersensiblen Menschen ein Feedback geben wollen, haben Sie es nicht leicht. Sie können sich auf eine heftige Abwehrreaktion gefasst machen. Und wahrscheinlich gehen Sie instinktiv in Deckung. Das hat zur Folge, dass Sie es sich zweimal überlegen, ob Sie diese Person noch mal kritisieren. Das wiederum führt dazu, dass der Hypersensible von seinen Mitmenschen weniger bis überhaupt keine kritischen Rückmeldungen mehr bekommt. Das Problem ist nur, dass das auf Dauer nicht funktioniert.

Dort, wo wir mit anderen zusammenleben oder zusammenarbeiten, brauchen wir Rückmeldungen, um gut miteinander auszukommen. Wer ständig seine Kritik runterschluckt, weil der andere damit nicht umgehen kann, wird unfreiwillig zum Rabattmarkensammler. Und in welche explosive Sackgasse das Rabattmarkensammeln führt, habe ich bereits beschrieben.

So bleiben Sie selbstsicher, während Sie mit einem hypersensiblen Menschen reden

Ich darf Ihnen gleich verraten, dass es hier besonders auf Ihre innere Einstellung ankommt. Sie brauchen im Umgang mit kritikempfindlichen Menschen sehr klare eigene Grenzen. Anders ausgedrückt: Ihnen ist vollkommen klar, wofür Sie zuständig sind und wofür Ihr Gegenüber zuständig ist. Sie halten sich raus aus den Dingen, die nur den anderen etwas angehen, und bleiben streng bei dem, worum es in Ihrer Rückmeldung geht.

Hier sind zwei Tipps, die Ihnen helfen, diese klaren Grenzen zu ziehen.

1. Erlauben Sie Ihrem Gegenüber seine hohe Empfindsamkeit. Jeder Mensch hat das Recht, so zu sein, wie er ist. Dennoch: Schlucken Sie nicht alles runter, was Sie stört. So wie der andere das Recht hat, hypersensibel zu sein, so haben Sie auch das Recht, Ihre Interessen zu vertreten.
2. Nehmen Sie die Emotionalität des anderen nicht persönlich. Es ist erlaubt und vollkommen in Ordnung, dass Ihr Gegenüber seine Gefühle zeigt. Lassen Sie die Person ruhig weinen, wütend oder beleidigt sein. Aber es ist auch in Ordnung, dass Sie sich davon nicht beeindrucken lassen. Der andere kann seine Gefühle fühlen, während Sie sagen, was Ihnen wichtig ist.

Fühlen Sie sich frei, das Gespräch notfalls zu unterbrechen und zu vertagen, wenn die Emotionen zu sehr hochkochen. Manchmal sind hypersensible Menschen so tief getroffen, dass sie nicht mehr zuhören können. In dem Fall ist es sinnlos, das Gespräch noch fortzusetzen. Das gilt auch, wenn Sie sich von Ihrem Gesprächspartner bedroht fühlen, weil er sehr wütend wird. Geben Sie Ihrem Gegenüber Zeit, sich zu

beruhigen. Es ist gut möglich, dass Sie für einen Kritikpunkt mehrere Gespräche brauchen.
In der Fachliteratur steht nichts darüber, wie man mit sehr kritikempfindlichen Menschen redet. Dort kommen scheinbar alle Leute mit sachlicher Kritik bestens zurecht. Um eine praktikable Antwort zu finden, habe ich mich im richtigen Leben umgeschaut. Denn genau dort gibt es sie, diese überempfindlichen Menschen. Und dort habe ich auch die Leute gefunden, die mit diesen hypersensiblen Zeitgenossen zusammenarbeiten oder zusammenleben. Ja, es gibt Möglichkeiten, auch diesen Menschen ein Feedback zu geben.
Die besten Anregungen haben mir – wie so häufig – meine Teilnehmer aus meinen Trainingsseminaren geliefert. Und sie waren es auch, die meine Strategien in ihrem Alltag getestet haben. Im Laufe der letzten Jahre habe ich auf diese Weise vier praxiserprobte Gesprächsstrategien entwickelt.
Mit diesen vier Gesprächstechniken können Sie einem hypersensiblen Menschen ein Feedback geben, ohne dass es zu einer emotionalen Katastrophe kommt. Alle vier Strategien drehen sich im Kern um das Gleiche: eine Rückmeldung geben, aber mit Samthandschuhen.

Vier Strategien, mit denen Sie Ihren hypersensiblen Gesprächspartner kritisieren können

1. Strategie: Betten Sie Ihre Kritik in jede Menge Bestätigung ein

Behalten Sie das, was Sie kritisieren wollen, im Kopf. Aber sprechen Sie zuerst das an, was gut gelaufen ist. Reden Sie über das Positive, und zwar reichlich. Sagen Sie Ihrem Gegenüber, womit Sie zufrieden sind. Eine dringende Bitte: Reden Sie aufrichtig über das Positive. Lassen Sie es nicht wie eine rhetorische Schleimerei klingen, mit der Sie den anderen nur ködern wollen. (Mehr zum Thema Anerkennung und Wertschätzung finden Sie ab Seite 107)

Nachdem Sie über das Positive gesprochen haben, kommen Sie auf den *einen* Punkt zu sprechen, der nicht gut läuft. Sagen Sie deutlich, was Sie stört und was Sie gern ändern möchten.

2. Strategie: Kritisieren Sie nicht, korrigieren Sie nur

Vergessen Sie das Wort Kritik. Machen Sie nur Korrekturvorschläge mit einer anschließenden Bestätigung. Kleine Korrekturen mit sofortiger Bestätigung, wenn etwas gut und richtig war, können viele Hypersensible verkraften. Ich selbst benutze diese Form der Verbesserung in Rhetorikkursen, wenn ich mit sehr ängstlichen Teilnehmern arbeite. Wer Angst hat, vor vielen Leuten eine Rede zu halten, fürchtet sich vor allem vor harter Kritik und Ablehnung vonseiten des Publikums. Aus dieser Angst vor negativer Kritik entsteht das Lampenfieber. Um das Lampenfieber nicht noch zu verstärken, verzichte ich in diesen Rhetorikseminaren auf die große Kritik am Redestil meiner Teilnehmer. Denn so eine Rückmeldung würde ihr Lampenfieber nur noch steigern. Um das zu verhindern, arbeite ich mit der Strategie der Korrektur und Bestätigung. In kleinen Schritten korrigiere ich das Redeverhalten. Immer, wenn der Teilnehmer etwas verbessert hat, bekommt er sofort eine Bestätigung. »Bitte stehen Sie ein wenig aufrechter.« »Ja, jetzt ist Ihre Haltung sehr gut.« »Jetzt etwas länger die Zuhörer anschauen.« »Ja, Ihr Blickkontakt ist schon viel besser.« »Könnten Sie noch etwas langsamer reden?« »Ja, das war schon langsamer als vorher. Wenn Sie etwas betonen wollen, können Sie ruhig noch viel langsamer sprechen.« »Prima, jetzt wirken Sie sehr viel souveräner.«
Jede kleine Korrektur ist für den betreffenden Teilnehmer sofort machbar und führt zu einem Erfolgserlebnis. So verbessert sich das Redeverhalten in kleinen, einfachen Schritten. Also keine große Kritik, nur viele kleine Korrekturen mit sofortiger Bestätigung.

3. Strategie: Kritisieren Sie nicht, machen Sie nur Verbesserungsvorschläge

Präsentieren Sie Ihrem hypersensiblen Gegenüber gleich eine Verbesserung. Beginnen Sie das Gespräch mit einem Vorschlag. »Ich habe eine Idee, wie wir unsere wöchentlichen Besprechungen noch mehr straffen können.« Kein Wort darüber, dass die Meetings viel zu lang sind. Oder statt den Partner zu kritisieren, weil er vergesslich ist, sprechen Sie gleich die Verbesserung an: »Ich möchte dir einen Vorschlag machen: Du könntest vorher eine Liste schreiben, damit du nächstes Mal wirklich an alles denkst.« Mit der Idee, etwas zu verbessern, machen Sie die bisherigen Leistungen Ihres Gegenübers nicht schlecht. Sie greifen nichts an, Sie werten nichts ab. Sie sagen im Grunde nur: »So könnte es noch besser gehen.«

4. Strategie: Kritisieren Sie nicht, liefern Sie nur Lösungsideen

Ähnlich wie die Strategie der Verbesserungsvorschläge funktioniert auch die Strategie der Lösungsideen. Sie kritisieren nicht, sondern Sie sprechen von einem gemeinsamen Problem, für das Sie ein paar Lösungsideen haben. Indem Sie von einem gemeinsamen Problem sprechen, umgehen Sie das leidige Thema, »Sie haben etwas falsch oder schlecht gemacht«. Genau dieses Schlechte und Falsche will der Hypersensible nicht auf sich sitzen lassen. Das wehrt er ab. Überspringen Sie deshalb diesen Punkt. Steuern Sie sofort darauf zu, wie Sie und Ihr Gegenüber aus dem Schlamassel herauskommen. Benennen Sie kurz das Problem und dann konzentrieren Sie sich auf die Lösung. Wie sehen Ihre Lösungsvorschläge aus? Fragen Sie auch Ihr Gegenüber, wie er das Problem gern lösen würde. Solange Sie vorwiegend über Lösungen reden, fühlt sich der Hypersensible nicht allzu sehr in seinem Selbstwertgefühl bedroht.

Darf man seinen Vorgesetzten kritisieren?

Eindeutig ja. Er oder sie gehört schließlich auch zu den Personen, mit denen wir Tag für Tag auskommen wollen oder müssen. Und dazu brauchen wir auch hier gegenseitige Rückmeldungen. Kritik ist keine Einbahnstraße, die nur von oben nach unten funktioniert.
Der Vorgesetzte braucht umgekehrt auch das Feedback seiner Mitarbeiter, um sein Führungsverhalten zu verbessern. Ein guter Chef, der seine Rolle ernst nimmt, bittet von sich aus seine Mitarbeiter um ein ehrliches Feedback. Soweit die Theorie.
In der Praxis ist die Kritik am Chef immer noch eine Seltenheit. Nein, das stimmt nicht ganz. Der Chef wird schon kritisiert. Und zwar kräftig. Allerdings nur, wenn er nicht dabei ist. Hinter dem Rücken des Vorgesetzten wird gern und ausführlich über ihn oder sie geredet. Aber eine Rückmeldung direkt von Angesicht zu Angesicht? Das ist eher selten. In vielen Firmen findet das überhaupt nicht statt.
Dennoch: Chefs brauchen Rückmeldungen. Sie können nicht immer im luftleeren Raum arbeiten, allein gelassen mit ihren Vorstellungen, die sie sich selbst einreden. Sie brauchen ein Gegenüber, das ihnen sagt, was sie gut machen und was sie besser machen könnten. Oft wird ein externer Berater oder ein Coach engagiert, der dieses fehlende Feedback liefern soll. Wobei es natürlich wesentlich besser (und auch preiswerter) wäre, wenn die Rückmeldungen direkt von den Leuten kämen, die täglich dem Führungsverhalten des Chefs ausgesetzt sind. Sie, die Mitarbeiter, sind die wirklichen Experten. Sie wissen, um was sich der Chef kümmert und was er vernachlässigt, wo Informationen fehlen, was überflüssig ist und was man effizienter organisieren könnte. Sie kennen die Macken und die Stärken ihres Chefs. Aber diese Experten werden viel zu selten gefragt.

Dass die Mitarbeiter so selten oder gar nicht um eine Rückmeldung gebeten werden, liegt auch an der Angst vieler Chefs. Viele Vorgesetzte fürchten, sie würden ihre Autorität verlieren, wenn sie die Kritik von unten zulassen.

Mein Tipp

Hören Sie auf, hinter dem Rücken Ihres Chefs zu meckern und zu motzen. Geben Sie Ihrem Vorgesetzten eine brauchbare Rückmeldung. Reden Sie über die Dinge, die Sie stören. Sie können das tun, ohne Ihren Chef anzugreifen und ohne ihn schlecht zu machen.

Umgekehrt fürchten sich auch viele Mitarbeiter davor, dem Chef eine kritische Rückmeldung zu geben, weil sie keine Nachteile kassieren wollen. Schlicht gesagt: Die Mitarbeiter wollen sich beim Chef nicht unbeliebt machen.

Lassen Sie uns wieder praktisch werden. Was können Sie tun, um mehr Rückmeldungen auf die Chefebene zu bringen. Falls Sie selbst eine Leitungsrolle haben, bitten Sie Ihre Mitarbeiter um Rückmeldungen. Das kann ein Gespräch unter vier Augen sein. Oder, wenn Sie ganz mutig sind, hängen Sie eine Feedbackrunde an ein Meeting dran. Dabei bitten Sie Ihre Leute darum, Ihnen zu sagen, was im Moment gut läuft und was noch verbesserungswürdig ist. Sorgen Sie dafür, dass jeder seine Meinung sagen kann, aber achten Sie darauf, dass es keine Diskussionen untereinander gibt. Sie sammeln nur die Feedbacks ein.

Als Mitarbeiter/Mitarbeiterin können Sie Ihrem Vorgesetzten auch dann eine Rückmeldung geben, wenn der Betreffende das vermutlich lieber nicht hören will. Nutzen Sie dafür eine der vier Gesprächsstrategien, die ich für hypersensible Menschen entwickelt habe. Sie merken schon beim Durchle-

sen, welche dieser Strategien bei Ihrem Chef funktionieren könnte.
Oft sind Mitarbeiter erstaunt, dass sie mit diesen Samthandschuh-Strategien bei ihrem Chef doch auf offene Ohren stoßen. Denken Sie daran: Sie tun nichts Böses, wenn Sie Ihrem Chef eine Rückmeldung zu seinem Führungsverhalten geben. Im Gegenteil, Ihre Rückmeldung hilft Ihrem Vorgesetzten dabei, seinen Job besser zu machen. Er braucht die qualifizierten Feedbacks seiner Leute. Und Sie brauchen für Ihre Störungsmeldungen die richtige Adresse. Statt sich hinterrücks bei anderen Kollegen über den Chef zu beklagen, haben Sie zumindest so eine Chance, wirksam zu sein.

Kann man andere Menschen überhaupt verändern?

Wir landen jetzt bei der Frage, ob sich die ganze Sache mit den Störungsmeldungen, der Kritik oder dem Feedbackgeben überhaupt lohnt. Mal im Ernst: Glauben Sie, Sie könnten mit Ihrer Kritik einen Menschen verändern? Oder zumindest sein Verhalten beeinflussen? Lassen sich Menschen überhaupt durch ein Gespräch beeinflussen?
Auf diese Fragen gibt es gleich drei Antworten und die lauten:
1. Ja.
2. Nein.
3. Ein wenig.
Hier die ausführlichen Begründungen.

1. Ja, wir können das Denken und Verhalten unserer Mitmenschen ändern

Und das tun wir auch andauernd, ob nun bewusst oder unbewusst. In jedem Gespräch, das wir führen, ändern wir uns und den anderen ein wenig. Wir geben zum Beispiel unserer Nachbarin den Tipp, in welchem Restaurant man gut essen kann und tatsächlich, sie geht mit ihrem Mann dorthin. Die beiden fanden es dort auch richtig gut.

Ihr Kollege schüttelt den Kopf, als er auf Ihrem Bildschirm die Zahlen aus Ihrem Quartalsbericht sieht. Er meint, die Tabelle würde nicht stimmen. Er gibt Ihnen den Tipp, das Ganze noch mal zu überprüfen. Sie nehmen sein Feedback an und finden tatsächlich zwei Zahlendreher. Sie sagen Ihrer Freundin, dass Sie die alten Elvis-Songs sehr mögen. Und siehe da, zu Ihrem Geburtstag schenkt sie Ihnen eine Elvis-CD. Ja, wir hören auf das, was andere uns sagen. Wir folgen ihren Rückmeldungen und ihren Tipps. Wir ändern unser Verhalten.

Ich hoffe, dieses Buch wird auch Sie ein wenig beeinflussen. Vielleicht finden Sie hier ein paar Anregungen, die Sie in Ihrem Alltag umsetzen können. Und schon haben Sie sich ein wenig verändert.

Auf der Ebene von Tipp, Ratschlag und »Guck mal, so geht es besser« sind wir bereit, etwas anders zu machen. Besonders, wenn das andere einen Vorteil für uns hat.

2. Nein, wir können das Verhalten unserer Mitmenschen nicht ändern

Denn manchmal sind andere Einflüsse wesentlich stärker. Zum Beispiel das Belohnungszentrum in unserem Gehirn: Obwohl wir hundert Mal gehört haben, dass Süßigkeiten nur dick machen, greifen wir dennoch viel zu gern zum Kuchen, zur Schokolade oder nehmen uns gleich zwei Portionen von dem leckeren Dessert. Das Lustgefühl war stärker als das kritische Feedback unserer Waage im Badezimmer. Obwohl wir wissen, dass wir eigentlich regelmäßig Sport treiben sollten und das auch vom Hausarzt zu hören bekommen, sitzen wir schon wieder vor dem Fernseher. Auch hier war das gute Gefühl der Bequemlichkeit stärker als das vernünftige Feedback anderer Leute.

Es gibt noch einen anderen Widerstand gegen eine Kritik. Das sind die tiefen Prägungen des jeweiligen Charakters. Egal, wie konstruktiv Sie auf eine scheue, zurückgezogene Person einreden, Sie werden es nicht schaffen, diesen scheuen Menschen in einen extrovertierten Draufgänger zu verwandeln. Der Charakter eines Menschen lässt sich ein wenig dehnen, aber nicht grundlegend ändern. Vielleicht ist dieser scheue Mensch bereit, Sie auf eine Party zu begleiten. Aber er wird sich dort nicht in eine Stimmungskanone verwandeln und alle Partygäste zum Ententanz animieren. Jedenfalls nicht ohne Drogen. Nein, dieser scheue Mensch wird wahrscheinlich allein am Rand sitzen und alles beobachten.

Sie können einzelne, konkrete Verhaltensweisen beeinflussen. Aber nur, wenn der Betreffende auch mitspielt und das auch selber will. Will der andere nicht, sind Sie machtlos. Den Charakter eines Menschen grundlegend umzukrempeln schaffen nicht einmal die Veränderungsprofis, also nicht einmal die Psychotherapeuten oder Pädagogen. Auch diese Profis können bestenfalls einige Verhaltensweisen beeinflussen. Die grundsätzliche seelische Struktur eines Menschen ist erstaunlich hartnäckig.

3. Wir können andere Menschen ein wenig ändern, indem wir ihnen etwas Neues beibringen

Wir können bis ins hohe Alter Fremdsprachen und Tanzschritte lernen. Wir können lernen, die Nudeln al dente zu kochen, die Rechnungen richtig abzuheften und anderen aufmerksam zuzuhören. Wir können lernen, mit unserem Ärger angemessen umzugehen, eine Störung sachlich anzusprechen, und wir können lernen, andere Menschen in ihrem So-sein zu respektieren.

Beim Lernen gilt das Prinzip der Freiwilligkeit. Sie können niemanden dazu zwingen, etwas Neues aufzunehmen. Ist Ihr Gegenüber aber bereit zu lernen, dann braucht er eine gute Anleitung und ausreichend Zeit zum Üben. Je nachdem, wie viele Vorkenntnisse und Talente schon da sind, geht das Lernen mal schneller und auch mal langsamer. Am Ende ist jede neue Fähigkeit einfach nur Übungssache. Dabei möchte ich Ihnen eines verraten: Wir lernen am liebsten die Dinge, die unserem Charakter entsprechen. Das sind die Dinge, die sich nahtlos in unsere vorhandene Prägung einbetten. Was uns gegen den Strich geht, lernen wir nur schwer oder gar nicht.

Die andere Seite der Kritik: Anerkennung, Wertschätzung und Dankbarkeit

Bisher ging es um kritische Rückmeldungen und um Störungen. Also darum, wie Sie anderen Leuten etwas Unangenehmes oder Negatives sagen können. Mit Recht fragen Sie jetzt: Wo bleibt das Positive? Man kann doch auch anderen Leuten sagen, was in Ordnung ist und was sie gut gemacht haben. Das stimmt. Genau deshalb geht es jetzt um die andere Seite der Rückmeldung. Es geht darum, wie Sie Ihre Anerkennung und Wertschätzung ausdrücken können. Dabei stoßen wir sofort auf ein offensichtliches Problem: Echte Anerkennung ist absolute Mangelware.
An vielen Arbeitsplätzen, aber auch in vielen Partnerschaften, herrscht an dieser Stelle nur Stillschweigen nach dem Motto: »Das, was gut funktioniert, ist selbstverständlich und darüber muss man kein Wort verlieren.«
Aber wo die ausgesprochene Anerkennung fehlt, entsteht eine Lücke. Eine Anerkennungslücke. Und in diese Lücke nistet sich gern das leise, unzufriedene Nörgeln ein. Statt sich gegenseitig die Wertschätzung zu zeigen, schauen alle Beteiligten hauptsächlich auf das, was sie nervt, ärgert oder frustriert. Das Positive fällt unter den Tisch und auf dem Tisch macht sich das Negative breit.

Warum es so wenig echte Anerkennung gibt

In vielen privaten Beziehungen und auch im beruflichen Bereich gibt es Anerkennung nur zu den hohen Feiertagen. Wertschätzende Worte fallen allenfalls bei der Goldenen Hochzeit, dem achtzigsten Geburtstag oder der Verleihung einer Ehrennadel in Gold für besondere Verdienste. Aber im gewöhnlichen Alltag herrscht Dürre. Alle suchen nach Anerkennung und keiner rückt damit raus.

Woher kommt dieser Mangel? Warum wird so wenig gelobt und gewürdigt?

Ja, wir haben viel zu kritisieren. Wir finden gern ein Haar in der Suppe und sind selten rundheraus zufrieden mit dem, was unsere Mitmenschen so treiben. Auch die Behörden, das Wetter und die Politiker können wir selten in die Kategorie »Alles bestens« einsortieren.

An allem haben wir etwas auszusetzen – und das Positive? Es klingt vielleicht seltsam, aber wir achten nicht darauf. Das, was völlig in Ordnung ist, läuft meistens unterhalb unseres Radars. Das Wasser kommt aus dem Wasserhahn, der Strom aus der Steckdose, wir haben genug zu essen, ein Dach über dem Kopf und es besteht keine Gefahr, dass unsere Arme und Beine von Landminen zerfetzt werden. Kurz gesagt: Uns geht es besser als vielen Menschen auf diesem Planeten. Aber springen wir deshalb jeden Morgen freudig aus dem Bett und zeigen unsere Wertschätzung für all diesen Komfort? Oder wie oft waren Sie schon dankbar für die Tatsache, dass Sie genug zu essen haben?

Wahrscheinlich geht es Ihnen wie den meisten von uns: Wir stellen morgens genervt fest, dass die Hose zu stramm sitzt und wir schon wieder zugenommen haben. Nach einer hektischen Tasse Kaffee suchen wir fluchend den Autoschlüssel und haben miese Laune, während wir uns durch den morgendlichen Verkehr kämpfen.

An das Gute und das Funktionierende haben wir uns so sehr gewöhnt, dass wir nicht mehr darauf achten. Aber wehe, wenn wir im Stau feststecken oder wenn es mittags in der Kantine schon wieder diesen undefinierbaren Eintopf gibt. Da wird natürlich eifrig geschimpft.

Wichtige Frage

? Haben Sie heute schon deutlich gesagt, wofür Sie dankbar sind und was Sie wertschätzen?

Die Fehler werden mehr beachtet als das, was gut läuft

Es scheint, als wäre das Positive nicht der Rede wert. Aber das Negative – ja, das ist nach wie vor die Sensation. Darauf springen wir sofort an. Fehler, Krisen, Katastrophen und alles, was Igitt ist – darüber regen wir uns auf. Darüber reden wir. Das wird beachtet.
Auch zu Hause bekommen die Fehlleistungen unserer Lieben mehr Aufmerksamkeit als das, was sie gut und richtig machen.
Wenn der kleine Max beim Essen herumzappelt und sich bekleckert, kann er sicher sein, dass er von den Eltern ein kritisches Feedback bekommt. Er wird ermahnt. Sitzt Max aber ruhig da und isst manierlich sein Essen, wird er kaum beachtet. Seine Eltern schauen nicht zu ihm hin, sie unterhalten sich über irgendetwas anderes. Dass Max jetzt ganz prima am Tisch sitzt und isst, darüber wird kein Wort verloren. Was muss der kleine Max tun, damit seine Eltern ihn beachten?

Sich schlecht benehmen. Das Störende ist das, was verstärkt wird.
Wer in frühen Jahren zu wenig Anerkennung bekommen hat, der wird dieses Muster sehr wahrscheinlich später als Erwachsener fortsetzen. Der Betreffende wird dem Negativen mehr Beachtung schenken als dem Positiven. Denn in seinen Gehirnwindungen hat sich die Überzeugung festgesetzt, dass das Gute kaum der Rede wert ist. Und so laufen viele Menschen ausgehungert durch unsere Wohlstandsgesellschaft. Sie hungern nach Anerkennung und Wertschätzung.
Aber zum Glück ist es nie zu spät. Wir können jederzeit lernen, aus diesem alten Wertschätzungsmangel auszusteigen. Wie das geht, zeige ich Ihnen jetzt.
Die einfache, aber sehr wirksame Regel lautet: Was Sie anerkennen, das wächst. Wollen Sie mehr von dem Guten in Ihrem Leben haben – was immer dieses Gute auch ist? Ja? Dann schenken Sie diesen Dingen mehr wohlwollende Beachtung. Gucken Sie nicht nur auf die Fehler, die Ihre Mitmenschen machen, sondern wenden Sie sich auch dem zu, was Ihre Leute ganz selbstverständlich richtig machen. Und reden Sie darüber.

Mein Tipp

Wenn Ihr Gesprächspartner nach Ihrem kritischen Feedback sein Verhalten ändert – und sei es auch nur ein winziges Stück Veränderung – dann zeigen Sie ihm, dass Sie das gemerkt haben und seien Sie ihm dankbar dafür. Kommen Sie bloß nicht auf die Idee, diese positive Veränderung einfach zu übersehen.

Die guten Ansätze beim anderen sind immer der Rede wert. Das, was besser geworden ist – und sei es nur eine winzige Kleinigkeit – verdient Ihre ausdrückliche Würdigung. Ihre

Mitmenschen machen so vieles gut und richtig. Und diese Leute wollen wirklich, dass Sie das merken. Also zeigen Sie Ihren Mitmenschen, dass Sie das Gute bemerkt haben. Denken Sie daran: Was Sie wertschätzen, das wächst.

Wenn die Anerkennung nur eine Mogelpackung ist

Kommen wir jetzt zu dem häufigsten Aber beim Thema Wertschätzung. Bei diesem Aber geht es darum, ob die ganze Sache mit der Wertschätzung und der Anerkennung überhaupt echt ist. Ob die Anerkennung ernst gemeint ist oder ob sie eine bloße Schmeichelei ist, mit der man seinem Gegenüber Honig ums Maul schmiert.

Ja, viele von uns haben das erlebt. Unsere Sehnsucht nach Anerkennung wurde ausgenutzt und verdreht. Denken Sie an den Verkäufer im Möbelgeschäft, der Ihnen überschwänglich zu Ihrem guten Geschmack gratuliert, während er versucht, Ihnen das Auslaufmodell einer wuchtigen Schrankwand anzudrehen.

Denken Sie an Larifari-Belobigungen, die nett anfangen, aber schlecht enden. Wie etwa: »Den Projektbericht haben Sie sehr gut zusammengestellt. Gefällt mir ... *aber* von Rechtschreibung verstehen Sie nichts. Sie haben gleich zweimal das Wort Domänenanalyse falsch geschrieben. Da hatten Sie wohl zweimal einen Blackout in Ihrem Oberstübchen.« In Wirklichkeit waren die ersten lobenden Worte nur die Einleitung für die Kritik, um die es eigentlich ging.

Die meisten von uns haben es bereits gemerkt: Echte Wertschätzung ist selten. Aber billiges Lob aus rhetorischen Gründen, um uns zu manipulieren, das gibt es an jeder Straßenecke.

Wir werden mit Lobhudeleien über den Tisch gezogen. Wir bekommen verbale Streicheleinheiten, damit wir mehr konsumieren oder in windige Geldanlagen investieren, damit wir mehr arbeiten oder uns auf einen One-Night-Stand einlassen. Vielleicht geht es Ihnen wie mir. Diese falschen Schmeicheleien kann man fühlen. Sie fühlen sich allesamt schlecht an. Man merkt die Absicht und ist verstimmt. Ich gebe es ehrlich zu: Ich bin mehr als verstimmt. Ich wende mich mit Grausen ab. Ich will das Echte und Wahre. Ich möchte nur die Anerkennung bekommen, die wirklich von Herzen kommt.

Wichtige Frage

? Und wer gibt Ihnen aufrichtige Anerkennung? Wo kriegen Sie Ihre Wertschätzung her?

Was wirklich hilft: Zeigen Sie Ihre Anerkennung und Wertschätzung

Fangen wir bei uns selbst an. Wie können wir anderen Menschen unsere aufrichtige Anerkennung zeigen? Das geht nur, wenn wir diese aufrichtige Anerkennung auch wirklich empfinden. Und das wiederum setzt voraus, dass wir das, was gut und richtig ist, auch wahrnehmen und nicht ständig übersehen.
Auch hier kann es hilfreich sein, dass wir zuerst unsere Einstellung überprüfen. Vielleicht neigen Sie dazu, das Gute bei anderen Menschen eher zu übersehen. Ich habe da einen wirkungsvollen Tipp für Sie, der Ihnen hilft, das Positive bei anderen Menschen mehr zu beachten. Sie brauchen dafür nur zwei Minuten Zeit, um sich zu besinnen.

Mein Tipp

Denken Sie an einen Menschen, der Ihnen nahesteht. Und jetzt richten Sie Ihr Augenmerk für ein paar Minuten nur auf die guten Seiten dieses Menschen. Was gefällt Ihnen an diesem Menschen? Welche Eigenschaften mögen Sie an dieser Person? Was schätzen Sie an diesem Menschen? Und wann haben Sie das diesem Menschen zuletzt gesagt?

Das ist der Weg zu einer authentischen, also echten Wertschätzung. Sie holen das Gute und das Richtige aus der Versenkung des Selbstverständlichen heraus. Und dann drücken Sie Ihre Anerkennung aus. Und zwar in jeder Form. Sprechen Sie sie aus. Schreiben Sie eine persönliche Dankeschön-Karte. Backen Sie einen Kuchen mit einer passenden Aufschrift oder basteln Sie einen Orden mit persönlicher Widmung. Drücken Sie Ihre Wertschätzung auf Ihre eigene unverwechselbare Art aus. Lassen Sie zu, dass Ihr ganzes Auftreten Ihre Wertschätzung widerspiegelt.

Anerkennung zeigen und Dankbarkeit ausdrücken

Wenn Ihre Anerkennung nicht nach Schmeichelei klingen soll, habe ich hier noch einen Tipp für Sie: Zeigen Sie Ihre Freude. Echte Freude wirkt viel eindrucksvoller als ein bloßes »Gut gemacht!«. Wenn Sie sich über das, was funktioniert, sichtbar freuen, dann ist das für den anderen eine echte Bestätigung, die wirklich ankommt.
Ich habe die Anerkennungstipps hier noch einmal zusammengefasst:

Strategie: Wie Sie anderen Menschen eine positive Rückmeldung geben können

Hören Sie auf, sich nur auf die Fehler und Mängel zu konzentrieren
Richten Sie Ihre Aufmerksamkeit auf alles, was gut funktioniert. Tun Sie das täglich aufs Neue. Auch wenn das Gute und Richtige für Sie bisher selbstverständlich war, ab jetzt beachten Sie es.

Zeigen Sie Ihren Mitmenschen deutlich, was Ihnen gefällt
Freuen Sie sich über das, was gut läuft. Und denken Sie daran: Alles Positive ist der Rede wert. Also finden Sie Worte dafür. Drücken Sie Ihre Anerkennung aus.

Hängen Sie an Ihre Wertschätzung nichts Negatives dran
Verkneifen Sie sich das Aber. Vermeiden Sie auch den kleinen Zusatz, dass alles noch etwas besser werden könnte.

Steigern Sie Ihre Anerkennung
Zeigen Sie mehr Wertschätzung, vor allem dort, wo Sie eng mit anderen Menschen zusammenleben oder -arbeiten. Eine gute Quote liegt in etwa dort, wo die Pfadfinder ihre Taten ansiedeln: jeden Tag mindestens eine wirklich ernst gemeinte Wertschätzung ausdrücken. Und sich dann langsam steigern.

Fangen Sie an, in anderen Menschen das Beste zu sehen

Durch Ihre Wertschätzung können Sie oft mehr erreichen als mit einem bloßen kritischen Feedback. Um es drastischer zu sagen: Wertschätzung und Anerkennung sind wahre Zaubermittel. Viele Menschen ändern ihr Verhalten leicht und gern, nachdem sie das bekommen haben, was sie so sehr wünschen: Anerkennung.

Mit Ihrer Wertschätzung kriegen Sie die Leute auf Ihre Seite, an denen Sie sich bisher die Zähne ausgebissen haben. Indem Sie andere Menschen anerkennen, sind Sie viel einflussreicher als mit Ihren verbalen Boxkämpfen. Das hat einen einfachen Grund. Wir sind eher bereit, den Leuten entgegenzukommen, die eine hohe Meinung von uns haben. Durch Anerkennung und Wertschätzung wächst unser guter Wille. Aber wir werden bockig und trotzig, wenn man uns behandelt, als wären wir ein menschliches Fehlerbündel. Wir kündigen die innere Zusammenarbeit, wenn jemand nur ein jämmerliches Bild von uns entwirft. Wir suchen nach den Leuten, die in uns das Beste sehen. Und meiden diejenigen, die uns herabsetzen.

Heißt das etwa, Sie müssen ab jetzt nur noch liebe Komplimente verteilen, nichts Kritisches mehr sagen? Nein, das heißt es nicht. Tatsächlich ist ein gutes Feedback ein Teil des Puzzles, an dem wir alle täglich herumbasteln. Das Puzzle trägt den Namen: mit anderen Leuten zurechtkommen. Manchmal gehört dazu, ganz aufrichtig zu sagen, was uns stört. Manchmal ist es Zeit, das anzuerkennen, was gut läuft. Und manchmal besteht unser Puzzleteil auch darin, beides zu kombinieren. Unseren Mitmenschen zu sagen, was uns stört *und* was wir wertschätzen.

ZWEITER TEIL

Kritik EINSTECKEN

Die überraschende Kritik und das Gefühl, hilflos zu sein

Ich erinnere mich noch sehr gut an eine meiner frühen Kritik-Katastrophen. Es war eine Situation, in der mich die Kritik einer ganzen Gruppe wie aus heiterem Himmel traf. Ich war damals noch Anfängerin in Sachen Kommunikationstraining. Ein Küken, frisch aus der Universität geschlüpft, mit einem Diplom in der Tasche und Turnschuhen an den Füßen. Es passierte in einem meiner ersten Trainingsseminare, die ich allein leitete. Ich war noch ziemlich jung und vor mir saßen fünfzehn Leute, die allesamt älter waren als ich. Für mich war es schon ein kleines Wunder, dass diese Teilnehmer von mir, dem Kü-

ken, etwas lernen wollten. Und dass sie auch noch bereitwillig alle Übungen mitmachten. Das Training lief reibungslos bis zu dem Zeitpunkt, an dem ich die Seminarunterlagen verteilte. Es waren fünfzehn eng bedruckte Seiten mit den wichtigsten Punkten, die in dem Training behandelt wurden. Ich sagte der Gruppe, sie hätte jetzt Zeit, um die Unterlagen in Ruhe zu studieren. Nach nur einer Minute fingen die ersten Teilnehmer an, in ihren Taschen nach einem Stift oder einem Kugelschreiber zu suchen. Das Suchen nach Schreibgeräten breitete sich aus. Plötzlich waren alle Teilnehmer damit beschäftigt, etwas in die Unterlagen zu schreiben. Aber eigentlich sollten sie die nur lesen. Zuerst glaubte ich noch, meine Teilnehmer würden ihre Gedanken notieren. Dann sah ich genauer hin und erkannte, dass alle nur kurze Worte aufschrieben oder Striche in die Unterlagen malten. Da wurde mir schlagartig klar: Die Gruppe war dabei, meine Unterlagen zu korrigieren. Und zwar gründlich. Ich sah das Ganze mit Entsetzen und weit aufgerissenen Augen. Was um Himmels Willen war so schlecht an dem, was ich geschrieben hatte?
Einer der Teilnehmer, ein Lehrer, war so nett und gab mir seine korrigierten Unterlagen zurück, um mir zu zeigen, was ich falsch gemacht hatte. Er hatte dort sämtliche Rechtschreibfehler und Kommafehler angestrichen. Alle Sätze, die zu verschachtelt waren, hatte er mit Wellenlinien markiert. Zusätzlich hatte er die meisten Fremdwörter mit einem Fragezeichen versehen, um zu verdeutlichen, dass ich hier verständlichere Ausdrücke benutzen sollte. Die fünfzehn Seiten waren übersät mit seinen Korrekturen.
Die ganze Sache war mir extrem peinlich, vor allem auch deshalb, weil sich die ganze Gruppe in ihrer Kritik einig war. Meine Unterlagen waren gelinde gesagt ... korrekturbedürftig. Dabei hatte ich wochenlang an diesen Unterlagen gearbeitet. Ich hielt sie für optimal und fehlerfrei. Und jetzt stellte sich heraus, dass sie es nicht waren.

Kritik – Weltuntergang oder ein Geschenk?

Als das Ganze passierte, war es für mich ein echter Tiefschlag. Dabei war die Kritik meiner Teilnehmer durchweg sehr konstruktiv. Sie war kein Angriff, auch kein Sich-lustig-Machen. Hier und da redeten ein paar Teilnehmer miteinander und es fielen Sätze wie: »Na ja, das kann passieren, wenn man noch Anfänger ist.« Oder: »Solche Unterlagen lässt man am besten von jemandem gegenlesen.«

Für mich war die Sache damals ein kleiner Weltuntergang. Ich fühlte mich hilflos einer Kritik ausgeliefert, um die ich nicht gebeten hatte. Ich wurde gegen meinen Willen kritisiert. Es kam raus, dass ich die Sache mit den Unterlagen nicht gut beherrschte und dass ich noch Anfängerin war. Und genau das hätte ich so gern versteckt.

Im Nachhinein gesehen war diese unerwartete Kritik das Beste, was mir passieren konnte. Ich lernte dadurch sehr schnell, wie gute Trainingsunterlagen auszusehen haben.

Und ich lernte durch diese Kritik nicht nur, welche Fehler ich gemacht hatte, ich lernte auch die Bedürfnisse meiner Teilnehmer kennen. Sie bevorzugen übersichtliche Strategien statt langatmiger, theoretischer Texte. Sie möchten lieber klare, kurze Sätze lesen, mit möglichst wenigen Fremdwörtern. Ich lernte, die Trainingsunterlagen so zu gestalten, dass man sie im späteren Alltag wie ein Rezeptheft benutzen konnte.

Diese Kritik war ein Segen für mich. Aber als sie mich traf, war es ein einziger Albtraum.

Wichtige Frage

? Können Sie von sich aus andere Leute um eine Rückmeldung bitten?

Kritik als Weltuntergang

Ergreifen Sie die Initiative statt sich der Kritik auszuliefern

Ich habe damals eine wichtige Lektion gelernt: Eine brauchbare Kritik kann mich enorm bereichern und weiterbringen. Aber es ist für mich besser, wenn ich aktiv um eine Rückmeldung bitte. Schlechter ist es für mich, wenn ich von einer Rückmeldung überrumpelt werde.
Trifft mich eine Kritik plötzlich und unerwartet, fühle ich mich hilflos, als wäre ich ein Opfer. Dieses hilflose Gefühl habe ich auch, wenn die Kritik konstruktiv und brauchbar ist. Ich mag es nicht, aus heiterem Himmel kritisiert zu werden. Deshalb habe ich mir angewöhnt, aktiv um ein Feedback zu bitten. Am Ende eines jeden Trainings stelle ich zwei Fragen: Was war gut und kann so bleiben? Was könnte ich weglassen oder verändern?
Im Laufe der Jahre hat das präzise Feedback meiner Teilnehmer dafür gesorgt, dass meine Arbeit als Kommunikations-

Kritik als Geschenk

trainerin immer besser wurde. Ich lernte, eine Dienstleistung abzuliefern, die den Leuten wirklich dient. Wenn ich ein Buchmanuskript zum Verlag schicke, weiß ich, dass das nächste Gespräch mit meiner Lektorin ein Kritikgespräch ist. Ich kann mich innerlich darauf einstellen und mir die Kritik ruhig anhören.

Drei gute Gründe, um aktiv zu werden und andere um eine Rückmeldung zu bitten

1. Sie können mitbestimmen, wann und wo das Feedback stattfindet

Dabei wählen Sie natürlich Umstände aus, die für Sie günstig sind, z.B. ein Gespräch unter vier Augen, in einem Raum, in dem Sie sich wohl fühlen. So verhindern Sie, dass man Ihnen zwischen Tür und Angel ein Kritikgespräch aufdrängt. Und das womöglich in einer Situation, in der Sie sich gestresst oder schwach fühlen.

2. Sie können sich innerlich wappnen
Bevor Sie um eine Rückmeldung bitten, gehen Sie innerlich in einen Kritik-Aufnahme-Zustand. Genauer gesagt: Sie sperren die Ohren auf und schrauben Ihre Empfindsamkeit ein wenig runter. Jetzt sind Sie bereit, sich etwas Positives wie auch etwas Negatives anzuhören – ohne allzu sehr überrascht und irritiert zu sein.

3. Sie zeigen sich stark und unabhängig
Sie übernehmen die Leitung. Damit sind Sie nicht mehr das hilflose Opfer, das sich eine Kritik gefallen lassen muss. Nein, Sie lenken das Gespräch in die Richtung, die für Sie gut und brauchbar ist.

Warten Sie nicht, bis Ihr Gegenüber mit der Sprache rausrückt. Wenn Sie etwas geleistet haben, was mit Sicherheit beurteilt wird, dann nehmen Sie das Ruder in die Hand.
Wie so eine Kritikaufnahme genau aussieht, hängt natürlich sehr stark von der Situation ab, in der Sie sich befinden. Dennoch möchte ich Ihnen auch hier ein paar Anhaltspunkte geben, die Ihnen helfen, ein Kritikgespräch in die richtigen Bahnen zu lenken.

Strategie: Wie Sie selbstsicher bleiben, wenn Sie kritisiert werden

Gehen Sie von sich aus auf Ihren Gesprächspartner zu
Bitten Sie Ihr Gegenüber um eine Rückmeldung und erklären Sie dem anderen kurz, um welche Sache es geht. Wenn nötig, verabreden Sie Uhrzeit und Datum für das Gespräch.

Stellen Sie konkrete Fragen
Es ist für Ihr Gegenüber leichter, Ihnen eine Rückmeldung zu

geben, wenn Sie eine konkrete Frage stellen. Wobei eine allgemeine Frage (» Wie finden Sie das?«) oft zu einer ebenso allgemeinen Antwort führt (»Ich fand das nicht so gut«). Mit einer präzisen Frage können Sie dafür sorgen, dass Ihr Gesprächspartner möglichst schnell auf den Punkt kommt, der Sie interessiert. Hier kommen einige Anregungen von mir:

»Hätten Sie noch Tipps für mich, wie ich diese Sache (meine Arbeit, die Kundengespräche, den Projektbericht, das Manuskript etc.) verbessern könnte?«

»Wie könnte ich das deiner Meinung nach verändern?«

»Wie könnte ich diese Sache noch optimaler gestalten?«

»Wie beurteilen Sie meine Leistung bei der Organisation?«

»Was ist Ihrer Meinung nach noch mangelhaft an der Konstruktion?«

Sie können auch eine Frage stellen, die sowohl das Positive wie auch das Negative umfasst. So eine Positiv-Negativ-Frage kann so lauten:

»Was kann so bleiben, was sollte ich ändern?«

»Was ist in Ordnung und was könnte noch verbessert werden?«

»Womit sind Sie zufrieden und was ist noch ausbaufähig?«

»Was ist für dich okay und was nicht?«

Zuhören und nur zuhören

Nachdem Sie Ihre Frage gestellt haben, gehen Sie innerlich auf Empfang. Hören Sie sich alles an, was Ihr Gegenüber zu sagen hat. Nur aufnehmen, ohne dem anderen ins Wort zu fallen, ohne sich gleich zu verteidigen. Stellen Sie sich vor, Sie hätten einen großen Korb, den Sie Ihrem Gegenüber vor die Nase stellen. Dort kann der Betreffende alles reinpacken, was er Ihnen zu sagen hat. Ihr Korb nimmt alles auf und Sie entscheiden dann, wie Sie damit umgehen wollen.

Überprüfen Sie, ob Sie alles verstanden haben

Denken Sie daran, viele Menschen haben nie gelernt, präzise und sachlich zu kritisieren. Gut möglich, dass Ihr Gegenüber ein paar Sätze gesagt hat, mit denen Sie nichts anfangen können. Unklare Worte und seltsame Formulierungen klären Sie zuerst durch Rückfragen. Ihre Rückfragen könnten ungefähr so lauten:

»Was genau meinen Sie damit, wenn Sie sagen, ich wäre zu wenig motiviert?«

»An welchen Stellen finden Sie meinen Bericht zu unverständlich?«

»Du findest, die Feier war übertrieben. Was war daran übertrieben?«

»Was meinst du genau, wenn du sagst, ich wäre zu oberflächlich?«

Indem Sie nachfragen, verhindern Sie bei sich selbst eine vorschnelle, aufgeregte Reaktion. Sie sorgen erst einmal dafür, dass Klarheit herrscht. Dieser Schritt ist enorm wichtig, um eine Kritik tatsächlich ruhig aufzunehmen.

Nehmen Sie Stellung

Jetzt sind Sie dran. Sie müssen sich nicht mit einem langen, umständlichen Wortschwall rechtfertigen. Reden Sie darüber, wie die Rückmeldung bei Ihnen angekommen ist und was sie bei Ihnen auslöst. Erklären Sie Ihrem Gegenüber, warum Sie etwas Bestimmtes getan oder gelassen haben. Stellen Sie die Sache einfach nur von Ihrem Standpunkt aus dar. Das ist Ihre Sicht der Dinge. Falls Sie einen Fehler gemacht haben, können Sie sich jetzt entschuldigen und über eine Wiedergutmachung reden.

Packen Sie das Brauchbare ein

Ihr Gegenüber will merken, dass seine Kritik bei Ihnen angekommen ist. Zeigen Sie ihm oder ihr das. Erklären Sie, was Sie künftig verändern oder verbessern wollen. Wie Sie eine bestimmte Sache regeln wollen oder was Sie noch lernen möchten. Drücken Sie das in präzisen Worten aus. Etwa mit Formulierungen wie diesen:

»Ich habe verstanden, dass es Ihnen wichtig ist...

»Ich werde in Zukunft...«

»Ich ändere die Sache, indem ich...«
»Ich verstehe, was dich daran gestört hat. Beim nächsten Mal werde ich...«
»Ich werde darauf achten, dass...«
Falls Sie im Moment sprachlos sind, können Sie sich selbst ein wenig Bedenkzeit genehmigen:
»Darüber möchte ich noch mal nachdenken.«
»Das werde ich mir durch den Kopf gehen lassen.«

Bedanken Sie sich für die Rückmeldung
Egal, wie das Gespräch für Sie ausgeht, bedanken Sie sich bei Ihrem Gegenüber für das Feedback. Der andere hat sich Zeit genommen und war bereit, mit Ihnen zu reden. Das allein ist bereits ein Entgegenkommen und verdient Ihre Wertschätzung. Ein ehrliches Dankeschön zeigt darüber hinaus auch, dass Sie mit erhobenem Kopf aus dem Gespräch gehen und bis zum Schluss souverän bleiben.

Wenn die Kritik Sie aus heiterem Himmel trifft

Manchmal sind wir innerlich überhaupt nicht auf ein Feedback eingestellt. Wir gehen unseren Weg, ahnen nichts Böses und plötzlich werden wir kritisiert.
Beispielsweise sagt irgendein Kollege, der vor dem Fahrstuhl wartet, plötzlich zu Ihnen: »Du warst heute in dem Meeting extrem dominant. Das bin ich von dir nicht gewohnt. Wahrscheinlich versuchst du, den Posten als Filialleiter zu bekommen und willst deshalb den Chef beeindrucken.«

Bei so einem überraschenden Kommentar kann es leicht passieren, dass Sie innerlich ins Schwanken geraten. Sie wissen nicht, wie Sie am besten darauf reagieren sollen. Sie pendeln zwischen einer erschrockenen Sprachlosigkeit und einer wortreichen Verteidigungsrede. Wie geht man mit diesen unerwarteten Rückmeldungen um?

Mein Tipp

Wenn Sie von einer Kritik überrascht werden, stoppen Sie sich zunächst selbst. Geben Sie keine voreiligen Antworten. Keine schnelle Rechtfertigung, keine empörte Abwehrreaktion. Seien Sie ganz einfach überrascht und bleiben Sie zunächst still. Schalten Sie um auf: Ich möchte zuerst verstehen, was los ist.

Stellen Sie Ihrem plötzlichen Kritiker zuerst ein paar Fragen. Mit Ihren Fragen können Sie dafür sorgen, dass Sie wirklich nachvollziehen können, worum es Ihrem Gegenüber geht. Was meint der Kollege, wenn er sagt, Sie wären auf dem Meeting extrem dominant gewesen? Was bedeutet überhaupt das Wort »dominant«? Haben Sie, seiner Meinung nach, zu lange geredet? Oder hält er Sie für dominant, weil Sie einfach das Fenster aufgemacht haben. Oder weil Sie Ihren Vorschlag hartnäckig wiederholt haben?
Sie haben keine Ahnung, was der Kollege Ihnen genau sagen will. Deshalb fragen Sie ihn, bevor Sie eine Stellungnahme abgeben. »Was meinst du genau damit, wenn du sagst, ich wäre extrem dominant gewesen?« Jetzt ist der Kollege wieder dran.
Das Nachfragen hat außerdem noch einen großen Vorteil: Sie gewinnen dadurch Zeit. Und die brauchen Sie jetzt dringend. Zeit, um zu überlegen, wie Sie mit der ganzen Situation umgehen wollen. Wollen Sie jetzt überhaupt lange und ausführ-

lich mit dem Kollegen reden, während Sie vor dem Fahrstuhl warten? Haben Sie vielleicht andere Pläne, die Ihnen wichtiger sind als der Kommentar des Kollegen?
Um sich darüber klar zu werden, brauchen Sie Zeit. Das Nachfragen verschafft Ihnen diese Atempause. Während der Kollege auf Ihre Frage antwortet, können Sie sich innerlich ein wenig sammeln.
Ist Ihnen die überraschende Rückmeldung des Kollegen so wichtig, dass Sie alles stehen und liegen lassen, um jetzt sofort mit ihm darüber zu reden? Oder möchten Sie das Ganze lieber vertagen? Zum Beispiel auf den Nachmittag. Oder auf den nächsten Tag. Da sind Sie mit Sicherheit etwas gefasster und innerlich besser gewappnet.

Auch wenn eine Kritik Sie plötzlich trifft, Sie müssen nicht alles über sich ergehen lassen. Sie können sich entscheiden, ob und inwieweit Sie sich jetzt auf die Kritik einlassen wollen. Vielleicht möchten Sie sich die Kritik komplett anhören und erst später (am nächsten Tag, in einer Stunde, in zehn Minuten oder wann immer es Ihnen besser passt) darauf antworten. Das hat den Vorteil, dass Ihr Gegenüber einerseits seine Rückmeldung losgeworden ist, Sie aber andererseits genügend Zeit haben, um durchdacht darauf zu reagieren.
Es gibt kein Gesetz auf der Welt, das Ihnen vorschreibt, Sie müssten wie aus der Pistole geschossen antworten, wenn Sie kritisiert werden. Sie haben das Recht, sich die Kritik anderer Menschen in Ruhe durch den Kopf gehen zu lassen, bevor Sie darauf reagieren. Sie können diese Bedenkzeit mit einem Satz für sich in Anspruch nehmen: »Danke, dass du mir das alles gesagt hast. Deine Meinung ist mir wichtig. Deshalb will ich zuerst in Ruhe darüber nachdenken, bevor ich etwas dazu sage. Ich melde mich bei dir.«

Strategie: Die besten Anti-Überrumpelungstipps

Gönnen Sie sich eine Schrecksekunde

Falls Sie es für sinnvoll halten, sagen Sie Ihrem Gegenüber, dass die Kritik Sie überrascht, etwa mit diesen Worten:
»Oh! Damit habe ich jetzt nicht gerechnet.«
»Was Sie da jetzt sagen, überrascht mich im Moment.«
»Das kam jetzt für mich sehr unerwartet.«

Keine vorschnelle Reaktion

Überlegen Sie in Ruhe, bevor Sie etwas sagen. Das gilt auch, wenn Sie vor einer Gruppe stehen und viele Leute Sie erwartungsvoll anschauen.

Stellen Sie Fragen, wenn Sie irritiert sind

Mit konkreten Fragen bringen Sie Ihr Gegenüber dazu, Ihnen zu erklären, warum er jetzt mit dieser überraschenden Kritik rausrückt. Fragen Sie nach, um welche Einzelheiten es genau geht. Das verschafft Ihnen Zeit und gibt Ihnen Gelegenheit zu verstehen, was mit Ihrem Gegenüber jetzt los ist.

Sammeln Sie sich und wägen Sie ab, was für Sie wichtig ist

Sie haben zugehört und verstanden, was Ihr Gegenüber Ihnen sagen wollte. Jetzt prüfen Sie bitte folgendes:

- Ist die Kritik berechtigt oder handelt es sich nur um eine Einmischung in Ihre Angelegenheiten?
- Ist die Kritik für Sie nützlich und brauchbar? Oder versucht Ihr Gegenüber nur, Sie niederzumachen?
- Ist das die passende Situation, um ein Kritikgespräch zu führen?
- Wie könnten Sie in diesem Moment am besten mit der Kritik umgehen?

Beziehen Sie Stellung
Sagen Sie Ihrem Gegenüber, zu welchem Ergebnis Sie gekommen sind. Vielleicht möchten Sie das Gespräch lieber zu einem anderem Zeitpunkt fortsetzen. Erklären Sie, warum Sie lieber später darüber reden möchten. Oder Sie gehen sofort auf die Kritik ein und setzen sich mit dem auseinander, was Ihr Gegenüber Ihnen gesagt hat.

Bedenkzeit – das ist das Wichtigste für Sie, wenn Sie sich überrumpelt, überrascht oder unter Druck gesetzt fühlen. Manchmal reichen schon zwei Minuten Bedenkzeit, um die Situation aus der Distanz heraus besser einzuschätzen. Verabschieden Sie sich von dem inneren Anspruch, immer gleich etwas sagen zu müssen.

Der Hitzkopf

Die Grundeinstellung des Hitzkopfs
Verdammter Mist! Hier ist was schiefgelaufen und darüber muss sich der Hitzkopf aufregen. Lieber den Ärger sofort

rauslassen als runterschlucken – das ist das Motto des Hitzkopfs. Selbstbeherrschung ist nicht seine Stärke. Und weil bei ihm hin und wieder die Sicherungen durchbrennen, redet er so, wie ihm der Schnabel gewachsen ist. Nein, da wird kein Blatt vor den Mund genommen. Die Leute haben selber Schuld, wenn der Hitzkopf sie anbellt. Denn die haben schließlich einen Fehler gemacht. Und wer was falsch macht, wird runtergeputzt. Der Hitzkopf hält seinen Zorn für gerecht und richtig. Obwohl es manchen Hitzköpfen anschließend leidtut, dass sie Dinge gesagt haben, die verletzend und entwürdigend waren.

Die Körpersprache des Hitzkopfs

Ein wütender Gesichtsausdruck und ein empörtes Luftschnappen – dann geht es los: Die Gestik ist aufgeregt, die Fäuste werden gern geballt, der ganze Körper geht in die Konfrontation. Die gesamte Körpersprache signalisiert Kampfbereitschaft.

So redet der Hitzkopf

»Unverschämtheit! So eine Frechheit ist mir noch nicht untergekommen! Das muss ich mir nicht bieten lassen!«

»Haben Sie jetzt komplett den Verstand verloren? So viel Dummheit auf einem Haufen ist mir noch nie begegnet!«

»Ja bin ich denn hier von lauter Idioten umgeben? Wieso muss ich hier alles, aber wirklich alles selber machen, damit es funktioniert? Am liebsten würde ich diesen Sauladen in die Luft sprengen!«

»Du hast gefälligst den Mund zu halten, während ich mit dir rede! Von dir lasse ich mir nichts sagen. Wer so eine Niete ist wie du, der hat nichts zu melden.«

»Kannst du denn überhaupt irgendetwas richtig machen? Die einfachsten Sachen kriegst du nicht geregelt. Oder machst du das extra, nur um mich zu ärgern? Ich hab jedenfalls die Schnauze gestrichen voll!«

Wie Sie mit einem Hitzkopf am besten umgehen

Solange das Gehirn des Hitzkopfs noch mit Ärger überflutet ist, können Sie kein vernünftiges Gespräch mit ihm führen. Lassen Sie einem Hitzkopf Zeit, sich zu beruhigen. Während er oder sie noch tobt, sagen Sie am besten nichts. Denn jeder Zwischenruf von Ihnen würde den Hitzkopf nur noch mehr anstacheln. Achten Sie darauf, dass Sie sich vom Hitzkopf nicht anstecken lassen. Wenn sich der Hitzkopf etwas beruhigt hat, reden Sie in einem sachlichen neutralen Tonfall mit ihm. Vertreten Sie Ihren Standpunkt sehr ruhig, mit wenigen, klaren Worten. Seien Sie bereit, einen Satz notfalls mehrmals zu wiederholen. Halten Sie dabei Blickkontakt und reden Sie möglichst auf gleicher Augenhöhe mit dem Hitzkopf (Sie und Ihr Gegenüber sitzen entweder oder Sie beide reden im Stehen miteinander). Ihr Hitzkopf braucht von Ihnen eine Rückmeldung darüber, wie seine Wutausbrüche bei Ihnen ankommen. Sagen Sie ihm oder ihr deutlich, was Sie stört. Falls die Wutausbrüche des Hitzkopfes bei Ihnen eine Schmerzgrenze überschreiten, können Sie auch Spielregeln vereinbaren. Sagen Sie Ihrem Hitzkopf in einer ruhigen Minute, dass Sie beim nächsten Ausbruch den Raum verlassen werden. Sie stehen erst wieder für ein Gespräch zur Verfügung, wenn sich der Hitzkopf beruhigt hat.

Wie Sie mit einer unsachlichen Kritik gelassen fertig werden

In meinen Kommunikationstrainings frage ich meine Teilnehmer danach, was für sie beim Kritisiertwerden das Schwerste ist. Die Antwort lautet immer: Am schwersten ist es, wenn man unsachlich kritisiert wird. Wenn die Unsachlichkeit ein so großes Problem ist, dann lohnt es sich, hier genauer hinzuschauen.

Aber was ist überhaupt unsachlich? Wie hört sich eine unsachliche Rückmeldung an?

Im Alltag sind das meistens Bemerkungen wie diese:

> »Mit diesem Projekt haben Sie einen kapitalen Bock geschossen. Wollen Sie weiterhin die Dummheit jagen oder doch lieber zu echter Leistung zurückkehren?«
>
> »Es lohnt sich nicht, dir etwas zu erklären, solange deine Gehirnzellen außer Betrieb sind.«
>
> »Was soll denn das werden? Bist du jetzt völlig grenzdebil geworden?!«
>
> »Bei dem Mist, den Sie hier abgeliefert haben, fehlen mir glatt die Worte.«
>
> »Das schafft ja schon ein Dreijähriger. Du bist eindeutig älter, hast sogar Abitur und bekommst es trotzdem nicht geregelt.«

Solche und ähnliche Sprüche sind verletzend, selbst dann, wenn sie vielleicht locker oder witzig gemeint sind. Gut möglich, dass irgendwo im Hintergrund noch ein brauchbares

Feedback darauf wartet, ausgesprochen zu werden. Aber was zunächst rauskommt, ist unbrauchbar, wenn nicht sogar schädlich. Diese Art von Unsachlichkeit zerstört die Kommunikation und provoziert einen Streit. Wer so attackiert wird, macht innerlich dicht und geht in die Abwehr.
Aber warum werden Leute überhaupt unsachlich, wenn sie etwas kritisieren wollen? Weshalb machen sie dumme Sprüche statt sachlich zu sagen, was sie stört?
Ganz selten steckt reine Bosheit dahinter. Nein, die Gründe dafür sind meistens viel harmloser.

Die vier häufigsten Gründe, warum Menschen unsachlich kritisieren

Nie gelernt
Qualifizierte und sachliche Rückmeldungen zu geben, ist eine erlernbare Fähigkeit wie beispielsweise das Fechten oder das Autofahren. Menschen, die das Kritisieren nie richtig gelernt haben, es aber trotzdem tun, stümpern oftmals herum. Dabei bauen sie Unfälle. Sie verletzen andere Menschen, weil sie es schlicht und einfach nicht besser können. Da hilft nur lernen, wie es richtig geht. Und das dann auch trainieren.

Akutes Burn-out-Syndrom
Wer überarbeitet und chronisch gestresst ist, der geht innerlich auf dem Zahnfleisch und leidet. Dieses innere Leiden wird in der Kommunikation an andere weitergegeben. Anders gesagt: Bei zu viel Stress verfaulen zuerst die Umgangsformen. Der Tonfall wird bissiger, für die normale Höflichkeit ist keine Zeit mehr, es werden nur noch Kommandos gebellt. Aber eine qualifizierte Kritik braucht Ruhe, Besin-

nung und Einfühlungsvermögen. Bei Leuten, die lichterloh ausbrennen, sind diese Qualitäten in den Untergrund gegangen, wo sie auf bessere Zeiten warten.

Überheblichkeit

Wer sich für etwas Besonderes hält und glaubt, anderen überlegen zu sein, neigt zum Statusverhalten. Für so jemanden ist es ganz normal, nach unten zu treten und nach oben zu buckeln. Bei akuter Überheblichkeit werden die Leute, die einen höheren Status haben, hofiert und angeschleimt. Alle anderen, die man für unterlegen hält, die also einen geringeren Status haben, werden missachtet und gedemütigt. Konstruktive und sachliche Kritik? Die Sklaven da unten kriegen bestenfalls einen Fußtritt.

Unkomische Witzigkeit

Manche Menschen bemühen sich sehr darum, einen lustigen Eindruck zu machen. Man will sich locker geben und der Welt zeigen, dass man cool und hipp ist. Statt sachlich Kritik zu üben, gibt es »spaßige« Sprüche. Bekanntlich ist der billigste Witz immer der, der auf Kosten von anderen gemacht wird. Und so bestehen die »witzigen« Sprüche auch nur aus Schlechtmachen und Herabsetzungen.

Natürlich kann es sein, dass auf einen unsachlichen Kritiker gleich mehrere dieser Gründe zutreffen. Vielleicht hat der Betreffende nie gelernt, ein brauchbares Feedback zu geben, außerdem brennt er gerade in seinem Job lichterloh aus. Dazu kommt noch seine Angewohnheit, die ganze Misere mit »lustigen« Sprüchen zu überdecken. Wenn Sie von so einem Mehrfach-Belasteten unsachlich kritisiert werden, haben Sie es wirklich nicht leicht. Um mit einer solchen Person zu reden, brauchen Sie eine gute Strategie und starke Nerven.
Es klingt vielleicht etwas seltsam, aber wer seine Kritik so un-

sachlich äußert, gibt in dem Moment sein Bestes. Mehr hat der unsachliche Kritiker zurzeit nicht zu geben. Der dumme Spruch, der Sarkasmus, die Stichelei – das ist im Moment alles, was der Betreffende ausdrücken kann. Natürlich könnte derjenige im Prinzip auch eine brauchbare Kritik abliefern. Aber das setzt voraus, dass derjenige auch weiß, wie man das macht und dazu auch seelisch in der Lage ist. Und viele Menschen wissen eben nicht, wie man das macht. Andere wiederum sind seelisch so im Stress, dass sie es trotz besseren Wissens nicht schaffen, sich vorher in Ruhe zu überlegen, wie sie es ihrem Gegenüber am besten sagen können.
Ich schreibe das hier, um bei Ihnen um Gnade zu bitten für den Fall, dass Ihnen jemand so eine bissige Rückmeldung an den Kopf wirft. Haben Sie bitte Erbarmen mit Ihrem unsachlichen Kritiker. Derjenige, der Sie so angeraunzt hat, ist sehr wahrscheinlich kein böser Mensch. Er ist nicht morgens aufgewacht und hat sich vorgenommen, Sie mit Worten runterzuputzen. Nein, Ihr unsachlicher Kritiker wusste sich einfach nicht anders zu helfen. Im Fachjargon: Er oder sie litt unter akuter kommunikatorischer Inkompetenz. Schlicht: Es ging nicht besser.
Und jetzt fassen wir uns kurz an die eigene Nase. Das haben wir beide – Sie und ich – sicherlich auch schon getan. Wir haben eine bissige Bemerkung gemacht, statt ordentlich und konstruktiv zu kritisieren. Das lag am Stress, an der Hektik oder daran, dass wir hungrig, müde und erschöpft waren. Ja, so etwas passiert.

Da ich eine große Freundin des Praktischen bin, möchte ich Ihnen auch hier zeigen, wie Sie mit einer unsachlichen Kritik fertig werden, – ohne sich dabei großartig aufzuregen.
Um das Ganze systematisch aufzurollen, präsentiere ich Ihnen die vier häufigsten Unsachlichkeiten und die besten Strategien, wie Sie damit fertig werden.

1. Unsachlichkeit: Die Einmischung in Ihre Angelegenheiten

Es gibt Dinge in Ihrem Leben, zu denen brauchen Sie kein Feedback von anderen Menschen. Dazu gehören vor allem Ihre Angelegenheiten. Es gibt nur eine Person, die sich mit Ihren ureigensten Dingen herumschlagen darf. Und diese Person sind Sie. Alle anderen Menschen dürfen sich da komplett raushalten.

Hier eine unvollständige Liste von Ihren Angelegenheiten, die andere Leute nichts angehen:

Es geht Ihre Mitmenschen nichts an,

... ob Sie morgens zum Frühstück lieber Müsli oder Brot essen,

... welchen Beruf Sie ergreifen,

... welche Musik Sie hören und welche Filme Sie mögen und welche Bücher Sie lesen,

... ob Sie positiv denken oder nicht,

... ob Sie gute oder schlechte Laune haben,

... ob Sie an Gott glauben oder nicht,

... was für ein Gesicht Sie machen,

... ob Sie mehr ein Katzen- oder ein Hunde-Freund sind oder ob Ihnen Haustiere egal sind,

... welche Farben Sie in Ihrer Kleidung kombinieren.

Alles, was nur Sie betrifft, ist Ihr Hoheitsbereich, in dem Sie allein regieren. Und da heißt es schlicht: kein Rückmeldungsbedarf.

Falls Sie allerdings das Hoheitsgebiet anderer Leute mitbenutzen oder sich darin bewegen, ändert sich das Ganze. Es ist beispielsweise allein Ihre Sache, ob Sie ein Raucher bzw. eine Raucherin sind oder nicht. Aber falls Sie die Luft vollqualmen, die auch andere Menschen einatmen müssen (z.B. in einem gemeinsamen Büroraum), dann ist das Ganze nicht

mehr Ihr alleiniges Hoheitsgebiet. Hier dürfen andere Leute, die von Ihrem Verhalten betroffen sind, Ihnen ein Feedback geben.
Wenn ich als Ihre Nachbarin neben Ihnen wohne, geht mich Ihr Musikgeschmack nichts an. Falls ich aber ständig Ihre Lieblingshits in meiner Wohnung hören muss, geht mich die Sache doch etwas an, weil Ihre Musik in mein Territorium eindringt. Dazu kann ich Ihnen eine Rückmeldung geben.
Es ist wichtig, dass Sie ein Bewusstsein dafür haben, was allein Ihre Angelegenheiten sind. Denn ohne diese Klarheit könnte es Ihnen passieren, dass Sie von anderen Leuten viel zu häufig kritisiert und beurteilt werden. Die Leute kommentieren dann Dinge bei Ihnen, die sie gar nichts angehen. Und Sie setzen sich mit Rückmeldungen auseinander, die Sie eigentlich mit einem lockeren »Nein danke!« beiseite schieben könnten.

Wichtige Frage

Können Sie Ihren Mitmenschen klar sagen, was Ihre Angelegenheiten sind und wo Ihr persönliches Hoheitsgebiet beginnt?

?

Das Geheimnis guter Beziehungen besteht aus einer Balance zwischen Gemeinsamkeiten und klar abgesteckten Hoheitsgebieten. Auch in Ihren engsten Beziehungen und im Zusammenleben mit Kindern gibt es so etwas wie Ihren ureigensten Bereich, der nur Sie etwas angeht. Und Ihre Liebsten haben selbstverständlich auch jeweils so ein eigenes Hoheitsgebiet, in dem sie von Ihnen keine Kritik brauchen.

Was können Sie tun, wenn sich jemand in Ihre Angelegenheiten einmischt?
Es kommt darauf an, wie sehr Sie diese Einmischung stört.

Wenn mir eine gute Freundin sagt, dass mir die Hose, die ich gerade trage, überhaupt nicht steht, bin ich ihr deswegen nicht böse. Sie hat sich zwar ungebeten in meine Angelegenheiten eingemischt, aber ich finde ihr Feedback durchaus hilfreich. Ja, manchmal bitte ich sogar um eine Einmischung in meine Angelegenheiten, indem ich frage: »Sag mal, wie findest du diese Hose?« Ob ich mich danach richte, was meine Freundin sagt, ist wiederum ganz allein meine Sache.

Aber es gibt auch Rückmeldungen, die eindeutig in Richtung Bevormundung gehen und die dabei auch noch verletzend sind, wie etwa diese:

»Herrje, warum isst du dieses grässliche Tofu-Zeugs andauernd? Gehörst du etwa zu diesen Bio-Deppen? Bäh, das ist voll ekelig. Mir wird gleich schlecht.«

Da sagt jemand ganz ehrlich und mit harten Worten, was ihn stört. Nur geht ihn die Sache gar nichts an. Solange dieser Kritiker nicht mit Tofu zwangsernährt wird, kann er sich seine Störungsmeldung schenken. Er kann essen, was er will, und andere Leute können essen, was sie wollen. Hier hat jeder sein eigenes Hoheitsgebiet.

Was wirklich hilft: Weisen Sie die Einmischung gelassen zurück

Gegen eine Einmischung in Ihre Angelegenheit können Sie sich leicht wehren. Dabei müssen Sie nicht gleich an die Decke gehen oder den anderen hart in seine Schranken verweisen. Das wäre viel zu viel Drama wegen so einer Kleinigkeit. Besser und auch gesünder ist es, wenn Sie ruhig reagieren. Denn wie heißt es so schön: In der Ruhe liegt die Kraft.

Um das zu schaffen, brauchen Sie zuerst eine gelassene innere Einstellung. Und diese innere Einstellung könnte so lauten:

Jeder Mensch hat das Recht zu sagen, was er denkt und meint. Auch derjenige, der sich in Ihre Angelegenheit einmischt hat das Recht, seine Meinung frei zu äußern. Und Sie haben das Recht, darauf *nicht* einzugehen. Sie müssen sich damit nicht auseinandersetzen. Sie müssen sich nicht verteidigen. Sie müssen auch nicht mit Ihrem Gegenüber diskutieren.

Mit dieser gelassenen Einstellung fällt es Ihnen leichter, die passenden Worte zu finden. Sie können das unerwünschte Feedback mit einem milden Lächeln und einem einzigen Satz beiseite schieben: »Danke, dass du mir deine Meinung gesagt hast und das ist allein meine Angelegenheit.«

Nehmen wir an, Sie sind schon vor Jahren aus Ihrem Elternhaus ausgezogen und verdienen Ihr eigenes Geld. Leider sind Ihre Eltern mit Ihrem Beruf und Ihrer gesamten Lebensweise nicht einverstanden. Jedes Mal, wenn Sie Ihre Eltern besuchen, bekommen Sie zu hören, dass Sie viele falsche Entscheidungen getroffen haben. Ihre Eltern kritisieren immer wieder die Art und Weise, wie Sie Ihren Alltag gestalten.

Wie gehen Sie mit diesem unerwünschten Feedback am besten um? Auch hier empfehle ich eine gelassene Reaktion. Damit ersparen Sie sich und Ihren Eltern viele Streitereien. Gestehen Sie Ihren Eltern das Recht zu, Ihr Leben zu beurteilen. Ihre Eltern dürfen sich eine Meinung über Sie bilden und diese Meinung auch aussprechen. Da Sie aber erwachsen sind und unabhängig von Ihren Eltern leben, ist es allein Ihre Angelegenheit, wie Sie Ihr Geld verdienen, wie Sie wohnen und wie Sie Ihren Alltag gestalten.

Um es ganz deutlich zu sagen: Sie können Ihren Eltern nicht den Mund verbieten. Die Meinung, die Ihre Eltern haben, ist deren Angelegenheit und die geht Sie wiederum nichts an. Sie können sich die Meinung Ihrer Eltern anhören und einfach nur antworten: »Danke, dass ihr mir euere Meinung gesagt habt.« Wenn Sie möchten, könnten Sie noch hinzufügen:

»Schade, dass euch meine Lebensweise nicht gefällt. Aber ich bin erwachsen und das ist allein meine Angelegenheit. Darüber entscheide ich.«
Es ist gut möglich, dass Ihre Eltern Ihnen weiterhin ein unerwünschtes Feedback geben. Das ist in Ordnung. Sie können weiterhin ganz gelassen, ohne sich aufzuregen, immer wieder eine klare Grenze ziehen. Wenn nötig, tun Sie das bei jedem Besuch. Ohne sich aufzuregen.
Noch mal: Was andere Leute über Sie denken, ist deren Sache. Sie müssen die Meinung anderer Menschen weder verbessern, noch umdrehen und auch nicht bekämpfen. Es reicht vollkommen, wenn Sie ganz ruhig eine Grenze ziehen und sagen: »Das ist meine Angelegenheit.«
Hier sind ein paar Anregungen für Sie, die Ihnen zeigen, mit welchen Worten Sie eine Einmischung zurückweisen können.

Strategie: So verteidigen Sie Ihr Hoheitsgebiet

Sprechen Sie mit Ihrer vollen Autorität

Gehen Sie in eine aufrechte Körperhaltung und zeigen Sie Ihrem Gegenüber, dass Sie es ernst meinen.

Machen Sie nur wenige Worte, die dafür aber sehr deutlich sind

Hier einige Anregungen, wie Sie Ihre Grenze deutlich ziehen können:
»Vielen Dank für Ihren Kommentar, aber das ist allein meine Sache. Das entscheide ich.«
»Ja, ich hab dich verstanden. Und das entscheide ich allein.«
»Da diese Sache nur mich etwas angeht, brauche ich dazu keine Rückmeldung.«
»Sie kritisieren mich, obwohl das allein meine Sache ist, mit der Sie nichts tun haben? Entschuldigung, aber das ist unnötig.«
»Ach, Mama, du kritisierst schon wieder meine Vorhänge. Aber

was vor meinen Fenstern hängt, muss doch vor allem mir gefallen – oder? Vielleicht können wir uns so einigen: Du darfst mir immer sagen, was dir nicht passt. Und ich bleib bei dem, was mir gefällt.«

Bleiben Sie freundlich und notfalls auch hartnäckig
Sie müssen sich weder aufregen noch laut werden. Es reicht, wenn Sie bestimmt und klar sagen, dass das jetzt allein Ihre Sache ist. Falls Ihr Gegenüber sich weiter bei Ihnen einmischt, sagen Sie weiterhin mit einem Maximum an persönlicher Autorität »Nein, danke!«

Falls sich bestimmte Leute bei Ihnen immer wieder einmischen, kann das auch an der Beziehung liegen, die Sie zu diesen Leuten haben. Gut möglich, dass Sie Ihre Mitmenschen indirekt dazu einladen, Ihre Angelegenheiten zu kommentieren. Andere Leute mischen sich bei Ihnen häufiger ein, wenn Sie ständig die Hilflose oder den Hilflosen spielen. Sie wirken dann führungsbedürftig. Ihr Gegenüber geht automatisch in die Rolle des Papas oder der Mama und jetzt haben Sie jemanden, der Ihnen sagt, was Sie tun sollen. Es ist ein kurzer Weg von »Ich helfe dir« hin zu »Das musst du tun, das musst du lassen und hier bist du völlig auf dem Holzweg.« Und schon sitzt Ihr Helfer mitten in Ihren Angelegenheiten und ist dabei, Sie zu bevormunden.

Mein Tipp

Bitten Sie um Hilfe, wenn Sie welche brauchen. Hören Sie sich die Ratschläge Ihrer Mitmenschen an, aber zeigen Sie zugleich, dass Sie auch entscheidungsfähig sind. Sie nehmen die Hilfe an, aber Sie entscheiden über die Angelegenheiten, die nur Sie etwas angehen.

2. Unsachlichkeit: Der Türmchenzerstörer

Es gibt Rückmeldungen, die mit einem einzigen Satz alles in Schutt und Asche legen. Und es gibt Menschen, die sich genau auf solche Feedbacks spezialisiert haben. Ich nenne diese Leute Türmchenzerstörer. Ein Türmchenzerstörer schafft es, mit wenigen Worten Ihre Pläne, Ideen und Projekte kaputt zu machen. Dabei gibt es keine brauchbare, konstruktive Kritik. Es gibt nur zerstörerische Kommentare, die ungefähr so klingen:

»Was soll denn dieser Blödsinn?!«

»Das ist doch totaler Quatsch!«

»Das schaffst du nie.«

»Dafür haben Sie doch überhaupt keine Begabung.«

»Damit werden Sie garantiert eine Bauchlandung machen.«

In der Rückmeldung eines Türmchenzerstörers suchen Sie vergeblich nach etwas Erbaulichem. Sie bekommen keine sachlichen Informationen, sondern nur ein pauschales Das-wird-Nichts oder Das-ist-alles-Mist.

Der Begriff Türmchenzerstörer ist mir eingefallen, als ich einmal mit meinem kleinen Neffen spielte. Der konnte damals gerade laufen und steckte noch in einem dicken Windelpaket. Es gab ein Spiel, mit dem ich ihn stundenlang beschäftigen konnte: das Türmchenzerstören.

Ich saß auf dem Fußboden und baute aus seinen Bauklötzen und anderen Spielsachen einen möglichst hohen Turm. Er stand daneben und wartete voller Freude darauf, dass ich endlich fertig wurde. Jetzt kam sein großer Auftritt. Er stakste mit wenigen Schritten auf den Turm zu, holte mit seinen Ärmchen aus und warf den ganzen Turm um. Die Bauklötze fielen polternd zu Boden. Der Kleine lachte und quietschte vor Vergnügen. Dann bückte er sich, hob einen Bauklotz auf

und gab ihn mir. Das war das Zeichen. Ich sollte wieder einen Turm bauen, den er sofort wieder umwarf.
Damals war der Kleine von seiner Motorik her noch nicht in Lage, selbst einen hohen Turm zu bauen. Aber was er perfekt beherrschte, war das Türmchenzerstören. Dazu brauchte er keine besonderen feinmotorischen Fähigkeiten. Es genügte eine grobe Armbewegung, die ihn spüren ließ, welche Macht er hatte. Er konnte mit einer einzigen Bewegung so viel bewirken.
Manche Erwachsene sind, was das Kritisieren betrifft, nie aus diesem Stadium herausgekommen. Sie können keine eigenen Türme bauen, aber dafür können sie die Türmchen ihrer Mitmenschen mit wenigen Worten kaputt machen. Das liegt daran, dass das Entwickeln von Ideen und Projekten einiges an Gehirnschmalz kostet. Aber um diese Ideen und Projekte kaputt zu machen, braucht man so gut wie keinen Grips. Das Zerstören ist einfacher als das Aufbauen.

Der Türmchenzerstörer in Aktion:
Eine unsachgemäße Bemerkung und alles ist kaputt

Was wirklich hilft: Bitten Sie den Türmchenzerstörer um Ideen und Vorschläge

Dennoch kann es sein, dass Ihr Türmchenzerstörer doch noch eine brauchbare Rückmeldung für Sie hat. Vielleicht war das Kaputtmachen nur ein erster Reflex. Dahinter verbirgt sich womöglich ein fundiertes Fachwissen oder ein großer Erfahrungsschatz. Um herauszufinden, ob Ihr Gegenüber noch etwas Brauchbares zu sagen hat, können Sie einen einfachen Test machen. Stellen Sie Ihrem Türmchenzerstörer ein bis zwei Fragen. Fragen Sie den Betreffenden, wie Sie das Ganze besser oder anders machen könnten. Bitten Sie ihn um seine Vorschläge und Ideen. Im Grunde bitten Sie ihn darum, dass er selbst ein Türmchen baut. Genau das ist die Nagelprobe, mit der Sie einen Türmchenzerstörer erkennen können.
Wenn der Betreffende sich wirklich auskennt und Ihnen nützliche Informationen liefern kann, war er kein Türmchenzerstörer, sondern nur jemand, der seine ersten Gedanken unkontrolliert in die Welt gepustet hat. Sie können sein anfängliches Alles-Mist-Gerede beiseiteschieben und von ihm eine brauchbare Rückmeldung bekommen. Falls Sie aber auf Ihre Fragen nur ein pauschales Schlechtmachen zu hören bekommen, ohne etwas Konstruktives, dann haben Sie es mit einem waschechten Türmchenzerstörer zu tun.

Strategie: So testen Sie einen Türmchenzerstörer

Bleiben Sie ruhig und gefasst
Geben Sie nicht gleich auf, wenn Sie von Ihrem Gegenüber hören »Das geht nicht!« oder »Das ist alles Mist!«

Stellen Sie konkrete Fragen
Überprüfen Sie mithilfe folgender Fragen, ob Ihr Gegenüber

Ihnen doch noch eine konstruktive Rückmeldung geben kann.
»Was sollte ich deiner Meinung nach anders machen?«
»Wenn Sie an meiner Stelle wären, wie würden Sie die Sache anpacken?«
»Wie könnte ich verhindern, dass das schiefgeht?«
»Wie würde das besser funktionieren?«

Überprüfen Sie, ob die Antworten brauchbar sind

Indem Sie nachfragen, drängen Sie Ihren Gesprächspartner in eine konstruktive Richtung. Sie bitten um Aufbauhilfe. Falls der Betreffende immer nur antwortet »Keine Ahnung«, »Weiß ich nicht« oder »Ist doch alles Blödsinn« ist die Sache klar: Sie haben es im Moment mit einem reinen Türmchenzerstörer zu tun.

Mit einem kleinen Kind kann das Umhauen von Türmchen wirklich Spaß machen. Unter Erwachsenen sieht die Sache meist anders aus. Das Gespräch mit einem waschechten Türmchenzerstörer ist frustrierend oder sogar niederschmetternd. Besonders, wenn Sie im Stillen hofften, der Betreffende würde Sie unterstützen oder zumindest Ihre Ideen wertschätzen.

Falls Sie es mit einem reinen Türmchenzerstörer zu haben, kann ich Ihnen nur eines raten: Bringen Sie Ihre Türmchen in Sicherheit. Brechen Sie das Gespräch ab. Oder wechseln Sie das Thema.

Sie können mit einem Türmchenzerstörer wunderbar über das Wetter reden oder über den Film, den Sie gestern im Kino gesehen haben. Aber eine qualifizierte Rückmeldung zu Ihren Plänen und Projekten bekommen Sie nicht. Diskutieren Sie diese Dinge mit Menschen, die Ihnen mit einer brauchbaren Rückmeldung wirklich weiterhelfen können.

3. Unsachlichkeit: Dumme Sprüche und verbale Angriffe

Nein, in einer idealen Welt sollte es das nicht geben: Kritik, die hauptsächlich aus unsachlichen Attacken und blöden Bemerkungen besteht. Aber leider leben wir in der wirklichen Welt. Und dort können manche Leute einfach nicht anders. Irgendetwas stört sie oder ist schiefgelaufen, aber anstatt eine brauchbare Störungsmeldung abzuliefern, neigen diese Menschen dazu, erst einmal feindselig zu reagieren. Es wird ironisch gebissen, unterschwellig gestichelt oder offen gedemütigt.

Ein Beispiel aus dem wirklichen Leben: Der hoch dotierte Professor leitet seit Jahren ein Forschungslabor für Physik. Dort arbeiten vor allem Doktoranden und junge Wissenschaftler. Mit einem namhaften Professor zusammenzuarbeiten – das ist ein wichtiger Baustein für die Karriere in der Wissenschaft. Die Sache hat nur einen Haken: Der Professor ist zwar eine große Kapazität im Bereich der Physik, aber als Führungskraft ist der Mann eine Niete. Er nennt seine Mitarbeiter gern »meine Schwachköpfe«. Und wenn er seine Mitarbeiter kritisiert, dann nur mit weiteren spöttischen Herabsetzungen, wie etwa:

> »Oh, jetzt hat Houston wieder ein Problem.«
>
> »Damit haben Sie bewiesen, dass Ihr Intelligenzquotient und Ihre Schuhgröße übereinstimmen.«
>
> »Ach, machen Sie sich nichts draus. Von einer blonden Frau erwarte ich keine Hirnleistung.«
>
> »Sie wirken, als hätten Sie nicht einmal die Grundschule geschafft.«

Alle seine Mitarbeiter sind sich einig: Der Professor hat ein enormes Fachwissen. Aber die Art, wie er kritisiert, ist durch-

weg gehässig. Dabei ist jeder Mitarbeiter auf sein Feedback angewiesen, um mehr zu lernen und beruflich weiterzukommen. Aber jeder hasst dieses unsachliche Feedback.
Was würden Sie tun, wenn Sie Mitarbeiter oder Mitarbeiterin bei diesem Professor wären? Kündigen? Oder alles klaglos ertragen? Freundlich lächeln und hinter seinem Rücken über ihn lästern?
Ich möchte Ihnen hier drei Strategien zeigen, die es Ihnen ermöglichen, das Beste aus dieser misslichen Situation zu machen.

Was wirklich hilft: Sagen Sie deutlich, dass die Unsachlichkeit Sie stört

Die erste Strategie besteht schlicht darin, dass Sie Ihrem Gegenüber sagen, was Sie stört. Kurz gesagt heißt das: Sie kritisieren Ihren unsachlichen Kritiker. Sie wollen eine brauchbare Rückmeldung – ohne Sprüche und ohne verletzende Bemerkungen. Sagen Sie das Ihrem Gegenüber. Geben Sie Ihrem Gesprächspartner eine Rückmeldung zu seinen Rückmeldungen. Kritisieren Sie seine Art der Kritik.
Besprechen Sie mit Ihrem Gegenüber, wie Sie sich ein sachliches Feedback vorstellen. Und während Sie ihm das erklären, bleiben Sie selbstverständlich streng sachlich. Denn Sie sind ein Vorbild für den anderen und zeigen dadurch ganz praktisch, welche Umgangsformen Sie bevorzugen. (Sie finden viele Tipps für so ein Gespräch im ersten Teil dieses Buches.)
Natürlich können Sie auch von einem Vorgesetzten verlangen, dass er Sie respektvoll behandelt. Mit dem Arbeitsvertrag haben Sie Ihre Arbeitsleistung, aber nicht Ihre Würde verkauft. Manche Vorgesetzte brauchen allerdings mehre Anstöße, bis sie ihr Verhalten ändern.

Strategie: Wie Sie Ihrem Gegenüber sagen können, dass die Unsachlichkeit Sie stört

Gehen Sie bewusst in eine aufrechte Körperhaltung

Sie sind überzeugender, wenn Sie ein Maximum an persönlicher Autorität ausstrahlen. Präsentieren Sie sich entschlossen, aufrecht und stark. Zeigen Sie – ohne aggressiv zu sein –, dass Sie auch jemand sind. Nur dann merkt der Betreffende, dass Sie es absolut ernst meinen.

Formulieren Sie eine klare, kurze Bitte

Bitten Sie zunächst ganz schlicht darum, dass Ihr Gesprächspartner auf bestimmte unsachliche Bemerkungen verzichtet. Sagen Sie dabei auch, welche Bemerkungen für Sie unsachlich sind. Beispielsweise so:

> »Ich kann Ihnen leichter zuhören, wenn Sie die Blondinenwitze weglassen.«
>
> »Ich möchte Sie bitten, mich nicht mehr Schwachkopf zu nennen.«
>
> »Könnten Sie mir bitte ganz sachlich und ohne irgendwelche Witze sagen, was ich hier falsch gemacht habe.«

Greifen Sie den anderen nicht an, verwenden Sie selbst keine Herabsetzungen. Sprechen Sie Ihre Bitte in einem ruhigen Tonfall aus.

Bleiben Sie beharrlich

Das Verhalten mancher Menschen ist wie ein Stein, der sich erst durch viele, viele Tropfen ein wenig verändert. Also falls Ihr Gegenüber nach Ihrer Rückmeldung wieder unsachlich wird, bekommt er ein neues Feedback von Ihnen. Wiederholen Sie Ihren Wunsch nach mehr Sachlichkeit wieder und wieder und wieder und wieder – ganz ruhig, ohne sich aufzuregen.

Was wirklich hilft: Ziehen Sie das Gift aus den bissigen Bemerkungen

Eine andere wirksame Strategie besteht darin, die unsachlichen Worte zu hinterfragen. Diese Art der Gegenwehr nenne ich die entgiftende Gegenfrage. Ich habe diese Gesprächsstrategie bereits ausführlich in dem Buch *Judo mit Worten* beschrieben. Dieses Buch lege ich Ihnen dringend ans Herz, wenn Sie es häufiger mit Unsachlichkeiten, Arroganz und Sticheleien zu tun haben. Denn dort finden Sie viele weitere Strategien, die Ihnen zeigen, wie Sie locker und humorvoll mit den unterirdischen Sprüchen anderer Leute fertig werden.

Die entgiftende Gegenfrage ist sehr simpel. Ein Beispiel: Ihr Gegenüber sagt zu Ihnen: «Da hast du ja schönen Bockmist verzapft«. Die giftigen Worte in dieser Rückmeldung lauten: Bockmist verzapft. Das sind die Worte, die unsachlich sind. Statt sich zu verteidigen oder sich aufzuregen, hinterfragen Sie die giftigen Worte: »Was meinst du mit, ich hätte *Bockmist verzapft?*«

Jetzt hat Ihr Gegenüber die Chance, doch noch präzise und sachlich zu werden. Er kann Ihnen genau erläutern, was ihn stört oder was Sie falsch gemacht haben. Das wäre dann wiederum eine genauere Rückmeldung, mit der Sie etwas anfangen könnten.

Mit Ihrer Gegenfrage reagieren Sie auf die Äußerung des anderen, ohne gleich eine Stellungnahme abzuliefern. Sie fragen nach, statt sich zu verteidigen oder den anderen anzugreifen.

Strategie: So können Sie bissige Bemerkungen hinterfragen

Stellen Sie Ihr automatisches Verständnis ab

Hören Sie sofort auf, die giftigen Worte Ihres Gegenübers zu verstehen. Ab sofort wissen Sie beispielsweise nicht mehr, was diese Worte bedeuten: »Sie haben nicht alle Tassen im Schrank!« oder »Das ist doch vollkommen bescheuert!«, »Wie kann man nur so blöd sein!« Sie haben keine Ahnung, was der andere damit meint, wenn er Worte wie »idiotisch«, »hirnverbrannt« oder »total daneben« benutzt. Immer, wenn Ihr Gegenüber so mit Ihnen redet, bildet sich auf Ihrer Stirn ein riesiges Fragezeichen.

Fragen Sie nach, bitten Sie um eine Erklärung

Fragen Sie Ihr Gegenüber, was das giftige Wort bedeutet oder was er mit dem herabsetzenden Satz meint. Etwa so:

> »Sie haben gesagt, ich hätte sie nicht mehr alle! Was meinen Sie damit?«
>
> »Versteh ich nicht. Was meinst du mit vollkommen bescheuert?«
>
> »Was ist Ihrer Meinung nach blöd?«
>
> »Was meinst du damit, wenn du sagst, das ist total daneben?«

Hinterfragen Sie jede verletzende Bemerkung.

Gehen Sie auf jede sachliche Information ein

Das Ziel Ihrer Gegenfrage ist es, ein brauchbares und präzises Feedback vom anderen zu bekommen. Gut möglich, dass Ihr Gegenüber aufgrund Ihrer Fragen jetzt endlich präzise beschreibt, was ihn stört. Mit diesen Informationen können Sie etwas anfangen. Darauf können Sie eingehen, dazu Stellung nehmen und über eine Lösung reden. Tun Sie das auch. Zeigen Sie deutlich, dass ein präzises, sachliches Feedback bei Ihnen immer willkommen ist.

Aber was ist, wenn vom anderen auch nach mehreren entgiftenden Gegenfragen immer nur Unsachlichkeiten kommen? Wenn es nichts als pure Unsachlichkeit gibt?
Sie haben die Wahl. Wie Sie jetzt weiter vorgehen, hängt von drei Dingen ab: 1. von Ihren Plänen und Interessen, 2. von der Beziehung, die Sie zu Ihrem Gegenüber haben und 3. von der Situation, in der Sie sich gerade befinden. Wenn Sie nichts als pure Unsachlichkeit zu hören bekommen, können Sie das Gespräch einfach beenden und sich freundlich vom anderen verabschieden. Oder Sie geben Ihrem Gesprächspartner eine Rückmeldung dazu und sagen ihm, dass seine Unsachlichkeit Sie sehr stört. Oder Sie quittieren alle unsachlichen Aussagen mit einem lächelnden »Ach, was!« und wechseln dann das Thema. Tun Sie das, was für Sie in dieser Situation das Beste ist.

Was wirklich hilft: Ignorieren Sie das belanglose Geplapper

Es gibt Unsachlichkeiten, die Sie getrost ignorieren können. Dazu müssen Sie überhaupt nichts sagen. Das sind beispielsweise die seltsamen Kommentare, die andere Leute manchmal gedankenlos von sich geben.
Nehmen wir folgendes Beispiel: Sie sitzen gerade in einem Meeting und ergreifen das Wort. Sie sagen etwas zu einem Thema, das gerade besprochen wird. Nachdem Sie aufgehört haben zu reden, sagt der Kollege neben Ihnen plötzlich: »Ach wie nett! Sie sind ja ganz rot geworden.« Bitte fragen Sie mich nicht, was diese Rückmeldung des Kollegen zu bedeuten hat. Oder warum der Kollege das gesagt hat.
Müssen Sie jetzt auf den Satz »Ach wie nett! Sie sind ja ganz rot geworden« eingehen und nachschauen, ob da für Sie ein brauchbares Feedback drinsteckt? Sollten Sie sich während des Meetings vielleicht mehr um Ihre Gesichtsfarbe kümmern? Nein und nochmals Nein.

Die Bemerkung des Kollegen war – schlicht gesagt – daneben. Eine Rückmeldung von Ihnen zu seiner kleinen Randbemerkung wäre einfach zu viel des Guten. Und auch eine entgiftende Gegenfrage (Was meinen Sie damit, wenn Sie sagen, ich wäre rot geworden?) passt hier nicht.
In so einem Falle empfehle ich Ihnen Folgendes: Ignorieren Sie die Bemerkung. Tun Sie so, als wäre in einem weit, weit entfernten Land ein Besen umgefallen. Sie glauben nicht, wie schnell sich eine seltsame Bemerkung verflüchtigt, wenn keiner auf sie eingeht. Und noch ein Tipp: Hüten Sie sich davor, anschließend noch lange über diese Bemerkung nachzudenken. Es war nur gedankenloses Gerede und darüber müssen Sie sich nicht den Kopf zerbrechen. Wenn Sie während des Meetings dennoch auf die Bemerkung des Kollegen antworten wollen, dann nur aus einem Grund: Die ganze Gruppe schaut Sie erwartungsvoll an. Alle Augen richten sich auf Sie. Jeder im Raum will wissen, wie Sie jetzt reagieren.
Aber Achtung! Nur weil alle Sie erwartungsvoll anschauen, müssen Sie jetzt nicht eine große Antwort-Show abliefern. Die Regel lautet: keine Energie in Unsachlichkeiten investieren. Der Kollege hat gerade gesagt, dass Sie rot geworden sind. In so einem Fall können Sie mit einem minimalen Energieaufwand antworten. Sagen Sie kurz: »Aha!« oder »Na, so was!« oder »Potz-Blitz!« Und dann nichts mehr.

Strategie: Wie Sie mit zwei Silben eine belanglose Bemerkung beiseiteschieben

Sie müssen nicht auf alles eingehen, was andere sagen. Erlauben Sie sich selbst, auf bestimmte Kommentare nicht einzugehen. Belangloses Geschwätz oder seltsame Äußerungen können Sie auch ignorieren. Denken Sie daran, dass manche

Menschen einfach nur das sagen, was ihnen gerade durch den Kopf geht. Und das sind nicht immer kluge Gedanken.

Falls Sie doch antworten, dann nur mit zwei Silben

Die minimale Antwort auf eine sinnlose Bemerkung besteht aus zwei Silben. Zwei Silben, mit denen Sie nichts sagen, z.B. diese hier:

»Ach was!«
»So, so!«
»Aha!«
»Oha!«
»Potz-Blitz!«

Anschließend können Sie nachdenklich schweigen oder zu Ihrem ursprünglichen Thema zurückkommen.

Mit einem zweisilbigen Kommentar zeigen Sie deutlich, dass Sie sich durch eine seltsame Bemerkung weder provozieren noch aus dem Konzept bringen lassen. (Mehr über die zweisilbigen Kommentare finden Sie ebenfalls in dem Buch *Judo mit Worten.*) Sie antworten zwar, aber sagen dabei im Grunde nichts. Damit signalisieren Sie deutlich: kein Anschluss unter dieser Nummer.

4. Unsachlichkeit: Der Tratsch

Lassen Sie uns zuerst kühl feststellen: Es wird getratscht. Fast überall, wo sich Menschen länger kennen, werden Neuigkeiten über andere, die gerade nicht da sind, ausgetauscht. Das passiert am Arbeitsplatz, in der Nachbarschaft, im Bekanntenkreis und in der Verwandtschaft. Sehr wahrscheinlich haben Sie, genau wie ich, schon über Leute geredet, die nicht anwesend waren. Viele unserer alltäglichen Smalltalks drehen sich darum, wer was gemacht hat, wer mit wem gerade etwas hat oder wer warum Schluss gemacht hat. Richtig übel wird dieser Austausch von Neuigkeiten nur, wenn viele negative Kommentare über eine Person verbreitet werden, die im Moment nicht dabei ist und die sich deshalb auch nicht verteidigen kann.

Eine vernünftige Kritik findet zwischen den Personen statt, die etwas mit der Sache zu tun haben. Im Normalfall ist das ein Gespräch unter vier Augen. Was Sie nicht akzeptieren müssen ist eine Kritik, die Ihnen durch dritte Personen mitgeteilt wird, etwa in dieser Form: »Weißt du, was der Meier aus dem vierten Stock gerade über deinen Projektbericht gesagt hat? Der meint, du hättest einen Roman verfasst, nur um zu verschleiern, dass die realen Verkaufszahlen zurückgegangen sind.«

Was können Sie mit einem solchen Feedback tun?

Was wirklich hilft: Lehnen Sie ein getratschtes Feedback ab

In vielen Firmen, in denen ich als Kommunikationstrainerin tätig war, hat sich das folgende Vorgehen bewährt: Nehmen Sie ein getratschtes Feedback nicht einfach hin. Zeigen Sie deutlich, dass Sie nur eine direkte Rückmeldung akzeptieren. Zu einem getratschten Feedback können Sie keine Aussagen machen. Sie reden ja im Moment nicht mit dem Urheber der Kritik. Sie haben nur den Überbringer und der kann die ganze Sache sogar falsch verstanden haben. Oder vielleicht hat er Ihnen einiges verschwiegen. Bei einer getratschten Kritik wissen Sie nicht sicher, was überhaupt los war. Jede Stellungnahme dazu wäre ein Schuss ins Blaue. Sagen Sie etwas zu der Art und Weise, wie Ihnen die Kritik übermittelt wurde. Sagen Sie dazu deutlich Nein.

Mein Tipp

Dulden Sie keine getratschte Kritik, die Ihnen indirekt über andere Leute zugetragen wird. Stellen Sie den Urheber der Kritik sofort zur Rede.

In meinem Beispiel gibt es zwei Personen, die von Ihnen eine klare Ansage brauchen. Erstens der Urheber der Kritik, in unserem Beispiel ist das der Herr Meier aus dem vierten Stock. Gehen Sie so schnell wie möglich zu Herrn Meier und sagen Sie ihm, dass er bitte solche Dinge in Zukunft direkt mit Ihnen bespricht. Indem Sie sofort und unmissverständlich um eine Änderung bitten, zeigen Sie Ihrem Gegenüber, dass hier bei Ihnen eine Grenze erreicht ist. Sie akzeptieren keine Rückmeldungen durch die Hintertür. Es ist wichtig, dass Sie eine solche Grenze sofort und konsequent ziehen.
Es gibt noch eine zweite Person, die von Ihnen eine klare Ansage braucht. Das ist derjenige, der Ihnen die Kritik von Herrn Meier zugetragen hat. Auch für diesen Menschen ist es wichtig zu wissen, dass Sie keine Kritik per Gerücht hören wollen. Bitten Sie diese Person, Ihnen in Zukunft solche Dinge nicht mehr zu erzählen.

Wenn die Gerüchteküche ganz undurchsichtig wird

Was ist aber, wenn der Tratsch noch viel nebulöser daherkommt? Wenn beispielsweise eine Kollegin in der Pause zu Ihnen sagt: »Du, ich hab gehört, es wird gemunkelt, dass du bei der Arbeit viel zu unkonzentriert bist. Angeblich, weil du Beruhigungstabletten nimmst. Manche meinen sogar, du wärst tablettenabhängig. Ich glaube, davon ist kein Wort wahr. Aber das Gerücht kursiert hier in der Firma.«

Hier gibt es keinen direkten Urheber, sondern nur ein verschwommenes Das-erzählt-man-sich-gerade-über-Dich. In so einem Fall ist es wichtig, dass Sie sofort und entschlossen reagieren. Die einzige Person, die Sie im Moment zu fassen kriegen, ist die Person, die Ihnen das Gerücht weitererzählt hat. Schauen Sie sich diesen Menschen genau an. Dass Ihnen der Betreffende den Tratsch erzählt hat, sieht zunächst wie eine Gefälligkeit aus. Derjenige war so nett, Sie zu informieren. Nehmen Sie sich einen Augenblick Zeit und fühlen Sie, wie es Ihnen nach so einer »netten Information« geht. Wahrscheinlich spüren Sie, wie sehr Sie diese Tratschgeschichte verletzt hat. Das, was diese Person gerade gesagt hat, hat Sie getroffen. Und vielleicht ging es in Wirklichkeit genau darum.
Um es noch deutlicher zu sagen: Das Weiterreichen von üblen Tratschgeschichten an Sie ist keine Nettigkeit. Wer es gut mit Ihnen meint, gibt solche negativen Gerüchte nicht weiter, auch nicht an Sie.

Sie können nicht verhindern, dass getratscht wird. Aber Sie können klare Grenzen ziehen. Immer wenn es sich um üble Nachrede, negative Tratschgeschichten und bösartigen Klatsch handelt, machen Sie nicht mehr mit. Dabei sind drei Punkte wichtig:

1. Wer über eine bestimmte Person negative Tratschgeschichten verbreitet, wird von Ihnen aufgefordert, das Ganze direkt mit dem Betreffenden selbst zu klären.
2. Negative Tratschgeschichten, die Sie zu hören bekommen, werden von Ihnen nicht weitererzählt.
3. Zeigen Sie immer wieder deutlich und konsequent, wo bei Ihnen die Grenzen der Gerüchteküche verlaufen.

Hier meine Tipps, wie Sie mit negativen Tratschgeschichten am besten umgehen.

Strategie: So beenden Sie Tratsch, Klatsch und Lästereien

Seien Sie ein Vorbild

Beteiligen Sie sich nicht an negativen Tratschgeschichten, bei denen andere Leute schlecht wegkommen. Wenn über Dritte hergezogen wird, sind Sie nicht dabei. Sie können zwar anderen Leuten nicht den Mund verbieten, aber Sie können für sich selbst eine Entscheidung treffen und dabei nicht mitmachen.

Bremsen Sie das Klatschmaul mit einer unangenehmen Frage

Falls Ihnen jemand ein übles Gerücht erzählt, gehen Sie am besten nicht auf den Inhalt direkt ein. Lassen Sie die Geschichte, um die es geht, links liegen. Stattdessen können Sie dem Gerüchteerzähler eine unangenehme Frage stellen: »Warum erzählen Sie mir das?« oder »Was willst du erreichen, wenn du mir das erzählst?«

Auch wenn der Betreffende Ihnen keine plausible Antwort gibt, haben Sie mit der Frage gezeigt, dass Sie an dem negativen Tratsch und Klatsch nicht interessiert sind. Sie legen den Finger auf die Wunde und wollen wissen, warum jemand diese Negativität verbreitet.

Zeigen Sie deutlich, dass Sie sich eine üble Nachrede nicht gefallen lassen

Falls negative Tratschgeschichten über Sie im Umlauf sind, versuchen Sie die Quelle ausfindig zu machen. Das ist die Person, die die Gerüchte in Umlauf gesetzt hat. Mit dieser Person haben Sie etwas zu klären. Falls Sie den Betreffenden nicht finden können, schauen Sie sich immer denjenigen genauer an, der Ihnen etwas über das Gerücht erzählt hat.

Negative Gerüchte und üble Tratschereien sind kein harmloses Geschwätz. Sie sind ein Angriff. Sie können verletzen, den

Ruf einer Person untergraben und sie können ein Zeichen für Mobbing sein. Zusätzlich sind negative Gerüchte auch heimtückisch. Sie richten ihre Verwüstungen hinterrücks an. Deshalb ist es wichtig, dass Sie sich selbst nicht an der verleumderischen Gerüchteküche beteiligen. Wenn Sie schon über Leute reden wollen, die nicht da sind, dann verbreiten Sie gute Nachrichten. Reden Sie ausführlich über Ihre Wertschätzung, die Sie für andere Personen empfinden.

Das Lästermaul und die Tratschtante

Grundeinstellung des Lästermauls und der Tratschtante
»Ich weiß was über andere, was du nicht weißt.« Das Lästermaul und die Tratschtante üben keine sachliche Kritik. Stattdessen rächen sie sich. Sie kennen ein paar pikante, vielleicht auch peinliche Details aus dem Leben ihrer Kollegen, Freunde oder Nachbarn. Und schon sind sie im Vor-

teil. Und diesen Vorteil nutzen sie natürlich aus. Sie geben das, was sie wissen oder gehört haben oder auch nur vermuten, an Dritte weiter. Damit verunglimpfen sie andere Menschen. Zusätzlich bekommen sie auch noch viel Aufmerksamkeit für ihre Tratsch- und Klatschgeschichten. Und da sie Aufmerksamkeit brauchen wie die Luft zum Atmen, können diese Zeitgenossen zwei Fliegen mit einer Klappe schlagen: Sie stehen mit ihren »Neuigkeiten« im Mittelpunkt und gleichzeitig bringen sie noch ein paar unliebsame Mitmenschen in Verruf.

Die typische Körpersprache des Lästermauls und der Tratsch-tante

Hochgezogene Augenbrauen kombiniert mit einem unschuldigen Gesichtsausdruck. Verstohlene Blicke nach links und rechts, um festzustellen, ob die Luft rein ist. Leise Stimme und intensiver Blickkontakt, um zu sehen, wie der Gesprächspartner auf die Neuigkeiten reagiert. Zugewandter Körper, dicht am Gesprächspartner. Von Zeit zu Zeit aufgeregte Gesten mit den Händen.

So reden das Lästermaul und die Tratschtante

»Ich will ja nicht tratschen, aber ich hab gehört, die Hansen aus der Buchhaltung hat was mit dem neuen Abteilungsleiter.«

»Wissen Sie, was ich vermute? Die neuen Nachbarn vermieten mindestens eins ihrer Zimmer an Studenten. Da gehen jeden Tag zwei junge Leute ein und aus. Die beiden gehören nicht zur Familie. Also das muss doch eine Untervermietung sein. Wahrscheinlich haben die dafür keine Genehmigung.«

»Weißt du was? Ich hab gestern unseren Chef mit zwei jungen Frauen im Auto an mir vorbeifahren sehen. Der hat doch gar keine Töchter. Das waren bestimmt irgendwelche halbseidenen Begleiterinnen, die er dann über sein Spesenkonto abrechnet.«

»Es wird hinter vorgehaltener Hand getuschelt, dass der neue stellvertretende Abteilungsleiter früher mal im Gefängnis war. Ich glaub ja kein Wort von dem Gerede. Aber das erzählt man sich nun mal.«

Wie Sie mit einem Lästermaul oder einer Tratschtante am besten umgehen

Nicht mitmachen. Die Tratschgeschichten, die bei Ihnen landen, erzählen Sie auf keinen Fall weiter. Jede dieser Geschichten wird bei Ihnen sofort beendet. Verwickeln Sie sich nicht in den Inhalt der Geschichte, denn das hieße, dass Sie sich doch dafür interessieren. Mit einer einfachen Frage können Sie jede Tratscherei ersticken. Fragen Sie das Klatschmaul oder die Tratschtante: »Warum erzählen Sie mir das?« Das bremst sie aus. Ziehen Sie anschließend eine deutliche Grenze. Das können Sie sehr bestimmt und zugleich freundlich tun, etwa so: »Nein danke! So etwas interessiert mich nicht.« In Zukunft hören Sie einfach nicht mehr zu. Keine Aufmerksamkeit mehr für gehässigen Tratsch.

Wenn Sachliches mit Unsachlichem vermischt wird

Wir können eine Kritik leichter aufnehmen, wenn wir in der Lage sind, die Spreu vom Weizen zu trennen. Da haben wir die erbauliche, nützliche Kritik, die uns weiterbringt, und um dieses Feedback können wir unsere Mitmenschen auch aktiv bitten. Übrig bleiben der schnodderige Rest, wie z.B. die Unsachlichkeiten, die Einmischungen und der Tratsch. Diese unbrauchbaren Reste können Sie mit den hier vorgestellten Strategien ohne viel Aufregung beiseiteschieben.
Im Alltag allerdings sind Sachlichkeit und Unsachlichkeit nicht immer so klar getrennt, wie ich das hier in diesem Buch tun kann. Viele Rückmeldungen bestehen aus einer Mischung von nützlichen Hinweisen und zwischenmenschlichem Murks. Da gibt es ein paar sachliche Äußerungen, aber zugleich wird auch ein wenig gestichelt. Sie erfahren, was Sie hätten besser machen können und dabei wird auch noch Ihre Intelligenz oder Ihr berufliches Können infrage gestellt. Solche Rückmeldungen sind einerseits nützlich, andererseits auch schmerzhaft.

Eine brauchbare Rückmeldung, garniert mit kleinen Nadelstichen

Ein Beispiel aus dem Alltag: Carla arbeitet schon seit zehn Jahren als freie Journalistin. Sie schreibt ihre Artikel und Reportagen mit viel Herzblut. Wenn sie einen Artikel für eine Zeitschrift abgeliefert hat, bekommt sie regelmäßig ein kurzes Feedback. Manchmal ist das nur ein simples »Okay!«. Aber manchmal fällt die Rückmeldung etwas umfangreicher aus, oft muss sie dann noch etwas ändern oder kürzen.
Einige der Feedbacks, die Carla zu hören bekommt, bestehen aus dieser Mischung von Sachlichkeit und leichten Sticheleien.
Hier ein Gespräch, das Carla mit einer Redakteurin am Telefon geführt hat.
Die Redakteurin: »Ach, Carla – gut, dass ich dich erwische. Wir hatten gerade eine Redaktionskonferenz. Dein Artikel ist so nicht durchgegangen. Das Ding ist allen hier viel zu langweilig.«
Carla ist überrascht: »Äh, warte mal! Du hast vorhin noch gesagt, der Artikel wäre in Ordnung.«
Die Redakteurin: »Oh, komm Carla! Nun tu nicht so naiv. Du bist keine Anfängerin mehr. Du weißt doch, wie die Redaktionsarbeit aussieht. Ich kann das nicht allein entscheiden. Deinen Artikel können wir dir so nicht abnehmen. Er passt überhaupt nicht ins Blatt, spricht die Leser nicht an. Dass du so etwas ablieferst, hat uns hier alle leicht schockiert. Wir dachten, du wärst eine kompetente, erfahrene Journalistin.«
Carla merkt, dass sie ärgerlich wird. Aber sie will das Gespräch ohne große Debatte über die Bühne bringen. »Okay, ich hab gehört, dass ihr damit unzufrieden seid. Ich würde jetzt gern wissen, was an meinem Artikel falsch ist.«
Die Redakteurin: »Oh Kind, du stellst Fragen, wie sie hier

nur unsere kleinen Volontäre stellen. Als Profi müsstest du das eigentlich wissen. Da fehlt der O-Ton in deinem Artikel. Du brauchst ein bis zwei Experten zu dem Thema, die dazu etwas sagen. Und dann mehr Interviews mit Betroffenen.«
Carla: »Okay, also Experten und mehr Betroffene. Was meinst du, wie viele Betroffene brauche ich?«
Die Redakteurin: »Carla Schatz, ich steh hier unter Zeitdruck! Also frag mir keine Löcher in den Bauch. Ein bis zwei Fälle, die das gut illustrieren, müssten reichen. Aber sieh zu, dass der Artikel nicht ausufert. Der Chefredakteur hat schon gesagt, dass er vier Seiten für zu lang hält.«
Carla: »Das alles überrascht mich im Moment. Ich sag dir gleich Bescheid, bis wann ich mit den Änderungen fertig bin.«
Redakteurin: »So, jetzt hab ich wirklich keine Zeit mehr. In einer Woche, am Dienstag um 12 Uhr muss dein Artikel fix und fertig auf meinem Schreibtisch liegen. Du erinnerst dich sicher – wir haben hier eine Deadline. Mach's gut!«
Carla änderte den Artikel und lieferte ihn fristgerecht ab. Mit ihrer Arbeit waren alle zufrieden, obwohl es ihr keiner gesagt hat. In der Redaktion gilt: Wenn nicht gemeckert wird, ist das bereits ein Lob.

Sie können die kleinen Sticheleien einfach durchwinken

Carla hat sich im Laufe der Jahre ein dickes Fell zugelegt. Sie hat gelernt, ein Feedback ruhig aufzunehmen. Dabei konzentriert sie sich vor allem auf die Sachinformationen. Sie ignoriert die kleinen Seitenhiebe und andere Schräglagen, die ihr auch noch mitgegeben werden. Dadurch ist es ihr möglich,

für verschiedene Redaktionen zu arbeiten und auch mehrere dieser halbgaren Kritiken am Tag einzustecken.
Carla will ihre Artikel verkaufen und das möglichst häufig. Dazu braucht sie genaue Informationen darüber, was die jeweiligen Zeitschriften erwarten und welche Vorlieben und Abneigungen die Redakteure haben. Mit jedem Feedback, das sie bekommt, kann sie sich besser auf ihre Kundschaft einstellen. Die unterschwelligen Unsachlichkeiten in den Rückmeldungen lässt sie meistens links liegen.

Zwischen all den Unsachlichkeiten steckt oft eine brauchbare Kritik

Carla tut das, was ich Durchwinken nenne. Das Sachliche besprechen, das Unsachliche durchwinken. Das funktioniert so, als würden Sie mit einem Handzeichen sagen: weiter, weiter. Nicht bei dem überflüssigen Murks stehen bleiben, sondern gleich weiter zu den brauchbaren Einzelheiten der Rückmeldung.
Das Durchwinken empfehle ich Ihnen immer dann, wenn Sie in einem rauen Betriebsklima arbeiten oder leben. Dort, wo Menschen manchmal ruppig miteinander umgehen, bekommen Sie solche gemischten Rückmeldungen zu hören. Jeder

redet so, wie ihm oder ihr der Schnabel gewachsen ist. Und über die korrekte Art und Weise einer brauchbaren Rückmeldung macht sich niemand irgendwelche Gedanken. Die Kritik wird ohne viel Nachdenken einfach spontan ausgespuckt. Und da mischt sich dann Unsachliches mit Sachlichem, Ironie mit ehrlichen Ich-Botschaften und klare Ansagen mit belanglosem Gemecker. Sie kriegen immer das ganze Sammelsurium vorgesetzt.

Es ist Ihr Job, für sich das herauszuholen, was Sie brauchen. Den unsachlichen Rest können Sie einfach durchwinken.

Wenn Ihr Gesprächspartner seltsame Rückmeldungen abliefert

So verhält sich Ihr Gesprächspartner	und so werden Sie damit fertig
Ihr Gesprächspartner sagt Ihnen im Vorbeigehen etwas Negatives.	Bevor Sie direkt darauf antworten, fragen Sie den anderen, ob es nicht besser wäre, in Ruhe darüber zu reden. Überlegen Sie zusammen, wann Sie beide Zeit für eine Rückmeldung haben.
Ihr Gegenüber ist aufgebracht und redet unverständliches Zeug. Sie merken, dass er etwas von Ihnen will, aber Sie verstehen nicht, worum es genau geht.	Bleiben Sie ruhig und hören Sie nur zu. Ihr Gegenüber ist gerade dabei, sich über etwas klar zu werden, während er redet. Nachdem er alles ausgesprochen hat, stellen Sie ein paar Fragen, um herauszufinden, was ihn so aufgeregt hat. Suchen Sie nach dem präzisen Kritikpunkt. Nur dazu können Sie etwas sagen.

So verhält sich Ihr Gesprächspartner	und so werden Sie damit fertig
Ihr Gegenüber macht seltsame Andeutungen, mit denen er Ihnen zu verstehen gibt, dass irgendetwas nicht in Ordnung ist.	Stellen Sie direkte, klare Fragen, wie etwa: »Gibt es etwas, das Sie stört?« »Was genau möchtest du mir sagen?« »Möchtest du, dass ich etwas anders mache?« Zeigen Sie, dass Sie zuhörbereit sind.
Ihr Gesprächspartner überschüttet Sie mit vielen verschiedenen Kritikpunkten.	Hören Sie sich alles an, ohne den anderen zu unterbrechen. Fangen Sie an, die Punkte zu sortieren. Fragen Sie Ihr Gegenüber, welcher von diesen Punkten jetzt der wichtigste ist. Reden Sie zuerst nur über diesen einen Punkt. Achten Sie darauf, dass die übrigen Themen zunächst nicht mit hineingemischt werden. Dann kommt der nächste Punkt dran und dann der nächste.
Ihr Gesprächspartner kritisiert Sie vor anderen Leuten.	Sagen Sie Ihrem Gegenüber, dass sein Feedback für Sie wichtig ist. Weil es so wichtig ist, möchten Sie lieber in Ruhe und unter vier Augen mit ihm darüber reden. Machen Sie sofort einen Vorschlag, wann und wo dieses Gespräch stattfinden kann.
Sie würden gern ein brauchbares Feedback zu Ihrer Arbeit bekommen, aber Ihr Gesprächspartner ist in Eile und hat keine Zeit.	Sie haben zwei Möglichkeiten: Sie verabreden mit dem anderen einen neuen Gesprächstermin. Oder Sie stellen sich auf eine Turborückmeldung ein. Dabei stellen Sie dem anderen sofort zwei bis drei präzise Fragen zu dem, was Sie wissen wollen.

Reagieren Sie überempfindlich auf Kritik?

Mit den bisherigen Tipps und Gesprächsstrategien sind Sie sehr gut gewappnet gegen unsachliche Kritik und unbrauchbare Rückmeldungen. Sie wissen jetzt, dass dagegen ein Kraut gewachsen ist. Und dieses Wissen sorgt dafür, dass Sie sich mutiger einem Feedback stellen.
Dennoch ist es gut möglich, dass das alles noch nicht ausreicht. Vielleicht fürchten Sie nicht nur die unsachliche Kritik und die verletzenden Kommentare, sondern auch die brauchbaren Rückmeldungen. Wie ist es bei Ihnen? Fühlen Sie sich auch getroffen, wenn jemand Ihnen ganz vernünftig gesagt hat, was Sie falsch gemacht haben? Fangen Sie sofort an, sich zu verteidigen, auch dann, wenn jemand Sie ganz sachlich kritisiert? Ist vielleicht jede kritische Rückmeldung für Sie ein Grund, um anschließend lange geknickt zu sein?

Wichtige Frage

? Wie sehr vermeiden Sie es, von anderen kritisiert zu werden?

Hinter der Kritikempfindlichkeit steckt die Angst vor Ablehnung

Wenn Sie auch zu den kritikempfindlichen Menschen gehören, fragen Sie sich vielleicht, wie Sie innerlich etwas robuster werden können. Wie Sie ein kritisches Feedback aufnehmen können, ohne dass dieses Feedback zu sehr an Ihnen nagt. Bevor ich Ihnen dazu praktische Tipps anbiete, lassen Sie uns diese Empfindlichkeit genauer unter die Lupe nehmen.

Oft steckt hinter dieser Kritikempfindlichkeit die Angst vor Ablehnung.

Diese wird durch eine bestimmte innere Einstellung genährt. Diese innere Einstellung dazu sieht von Mensch zu Mensch ein wenig anders aus. Aber in groben Zügen lässt sie sich ungefähr so zusammenfassen:

Indem jemand meine Leistung oder mein Verhalten kritisiert, werde ich als ganze Person infrage gestellt. Ist meine Leistung oder mein Verhalten fehlerhaft, dann bin ich fehlerhaft. Ist das, was ich tue, schlecht, dann bin ich als ganze Person schlecht. Wenn jemand mir sagt, was ich falsch gemacht habe, ist es für mich so, als würde man mich insgesamt ablehnen.

Obwohl uns diese innere Einstellung oft nicht bewusst ist, ist sie dennoch wirksam. Sie sorgt dafür, dass wir der Kritik aus dem Weg gehen. Und wenn uns die Kritik doch erwischt, spüren wir, wie sehr unser Selbstwertgefühl dadurch erschüttert wird.

Vielleicht werden Sie durch das, was Sie auf den folgenden Seiten lesen, nicht unbedingt zu einem Liebhaber oder einer Liebhaberin von Kritik. Aber Sie können Ihre innere Einstellung ändern. Mit dieser veränderten inneren Einstellung gelingt es Ihnen, sich ein kritisches Feedback anzuhören, ohne dass Ihr Selbstwertgefühl ins Wanken gerät. Kritik muss Sie weder aufregen noch runterziehen.

Eine kurze Bemerkung vorweg: Was jetzt kommt, ist keine Sache von nur einmal lesen und dann ist alles erledigt. Jetzt kommt eine Lernaufgabe, die bei manchen Menschen (z. B. bei mir) durchaus Jahre in Anspruch nehmen kann. Dabei ist die ganze Sache im Prinzip weder anstrengend noch kompliziert. Nein, es ist leicht. Es ist nur ungewohnt. Es geht hier um eine neue, bisher ungewohnte innere Einstellung. Und weil sie so ungewohnt ist, dauert es etwas, bis das Neue Tröpfchen für Tröpfchen in unser Denken und Fühlen einsickert.

Ich präsentiere Ihnen jetzt acht neue Überzeugungen, die dafür sorgen, dass Sie entspannter mit Kritik umgehen können. Lesen Sie sich diese neuen Überzeugungen durch und lassen Sie jede einzelne in Ruhe wirken. Vielleicht merken Sie, dass Sie bei einigen Punkten bisher eine andere innere Einstellung hatten.

Acht entspannte Überzeugungen, mit denen Sie die Kritik gelassener annehmen können

- ✓ Es ist vollkommen in Ordnung, wenn andere Menschen mir sagen, was sie stört.
- ✓ Ich kann das, was andere an mir kritisieren, in Ruhe prüfen, bevor ich etwas dazu sage. Ich muss nicht schlagfertig darauf antworten.
- ✓ Ich darf mir eine Kritik anhören und nichts dazu sagen.
- ✓ Manchmal ist das, was andere Leute einen Fehler nennen, gar nicht objektiv falsch. Die Leute vertreten nur ihre Meinung. Und das dürfen sie.
- ✓ Die Urteile, die andere Leute über mich fällen, sind nur

deren Gedanken, Meinungen und Ansichten. Ich muss die Ansichten der anderen Menschen nicht übernehmen. Ich bin auch nicht gezwungen, ihnen zu widersprechen.

- ✓ Ich kann aus jeder konstruktiven Kritik etwas herausziehen, das mich weiterbringt.
- ✓ Auch wenn ich von anderen heftig kritisiert werde, bin und bleibe ich ein wertvoller und liebenswerter Mensch.

Von Ihren tiefen inneren Überzeugungen hängt es ab, ob eine Kritik Sie aufregt oder nicht. Denn das, was andere Menschen zu uns sagen, wird immer von unserem Gehirn interpretiert, also gedeutet. Wir leiden nicht unter dem, was andere zu uns sagen, sondern wir leiden unter den Gedanken, die wir uns darüber machen.

Fehler, Patzer, Missgeschicke und wie Sie die am besten wieder ausbügeln

Natürlich gibt es objektive Fehler, die Sie vielleicht machen. Wie beispielsweise Worte, die Sie falsch schreiben oder eine Rechenaufgabe, bei der sie zu einem falschen Ergebnis kommen. Vielleicht haben Sie sich auch schon mal im Datum vertan oder Ihr Auto im absoluten Halteverbot geparkt. Das sind für die meisten von uns objektive, also nicht strittige Fehler. Einfacher gesagt: Hier ist falsch einfach falsch.

Es ist nicht weiter schwierig, sich so einen Fehler einzugestehen und ihn zu korrigieren. Dabei müssen Sie weder Schuldgefühle haben, noch müssen Sie vor Scham im Boden versinken. Fehler machen kommt vor und solange Sie nicht im Koma liegen, werden Sie hin und wieder auch Fehler machen.

Jeder Fehler entblößt eine simple Tatsache: Wir sind nicht perfekt. Das heißt, wir können noch etwas hinzulernen oder manchmal könnten wir auch noch aufmerksamer sein. Interessanterweise besteht das größte Selbstbewusstsein darin, ganz frei und unumwunden einen Fehler zuzugeben. Wer das tut, zeigt deutlich, dass er nichts verstecken oder vertuschen will. Wer ehrlich ist, ist persönlich stark. Hier kommt jetzt die Strategie, die Ihnen zeigt, wie Sie das in einem Gespräch am besten hinbekommen.

Strategie: So gehen Sie gelassen mit Ihren Fehlern um

Geben Sie den Fehler zu, ohne sich herauszureden

Machen Sie es sich einfach und sagen Sie klar: »Ja, das hab ich falsch gemacht.« Widerstehen Sie der Versuchung, hier jetzt wortreiche Verteidigungen aufzufahren. Sie waren vielleicht nicht aufmerksam, haben etwas nicht gewusst oder etwas übersehen. Ihre Erklärung dazu kann kurz und bündig sein.

Entschuldigen Sie sich aufrichtig

Wählen Sie bei Ihrer Entschuldigung die Worte, die Sie für passend halten. Das kann bei kleinen Patzern eine einfache Entschuldigung sein. Bei größeren Fehlern darf es auch ein längerer Satz sein. »Tut mir leid, da hab ich einen Fehler gemacht. Ich entschuldige mich dafür.« Aber entschuldigen Sie sich tatsächlich. Dieser Teil ist wichtig, wird aber gern weggelassen, indem man gleich weitergeht und über die Korrektur redet. Manche Gesprächspartner wollen im Grunde nur diese Entschuldigung hören. Fehlt Ihre Entschuldigung, kann es Ihnen passieren, dass Ihr Gegenüber Sie immer weiter kritisiert.

Bieten Sie Ihrem Gegenüber an, den Schaden zu beheben oder auszugleichen

Übernehmen Sie es, die Sache wieder auszubügeln. Das ist

nicht nur für Ihr Gegenüber wichtig, sondern auch für Sie. Durch eine Wiedergutmachung stellen Sie Ihren Seelenfrieden wieder her. Korrigieren Sie das, was Sie falsch gemacht haben. Zahlen Sie die Strafe für das Parken im absoluten Halteverbot oder beugen Sie sich der Ermahnung des Polizisten. Zahlen Sie die Kosten für das, was Sie zerstört oder verdorben haben. Gleichen Sie den Schaden aus, den Sie angerichtet haben.

Wenn nötig, zeigen Sie Ihrem Gegenüber, was Sie daraus gelernt haben

Manche Fehler lassen sich durch eine gute Planung oder mehr Umsicht vermeiden. Vielleicht gibt es etwas, was Sie beim nächsten Mal nicht mehr machen oder anders machen wollen. Erklären Sie Ihrem Gegenüber, wie Sie in Zukunft verhindern wollen, dass dieser Fehler noch mal passiert.

Verzeihen Sie sich selbst

Die Wiedergutmachung ist erst beendet, wenn Sie mit sich selbst im Reinen sind. Also vergeben Sie sich selbst, dass Sie etwas falsch gemacht haben. Und dann schließen Sie die Sache innerlich ab.

Nach welchem Maßstab werden Sie von anderen gemessen?

Sie haben etwas falsch gemacht, das kommt vor, und Sie korrigieren das. Schwieriger wird es, wenn es keinen objektiven Maßstab für Richtig und Falsch gibt. Über einen falsch ausgerechneten Prozentsatz lässt sich kaum streiten. Aber was ist,

wenn Sie nur deshalb kritisiert werden, weil jemand will, dass Sie anders sind, als Sie nun mal sind?
In vielen Bereichen Ihres Lebens gibt es kein objektives Richtig oder Falsch wie bei einer Rechenaufgabe. Hier geht es um den persönlichen Maßstab, den andere Menschen an Sie anlegen.
Sie können sehr viel leichter mit einer solchen Kritik umgehen, wenn Sie sich Folgendes klarmachen:

- Falls jemand Sie kritisiert, dann zeigt der Betreffende damit, dass Sie sich nicht so verhalten oder nicht die Leistungen bringen, die seinem eigenen Maßstab entsprechen (oder dem Maßstab der Firma, für die Sie arbeiten).
- Jede Kritik an Ihrer Person verrät Ihnen etwas über den Maßstab, den Ihr Gegenüber an Sie anlegt.

Ob im privaten Rahmen oder im Job – da, wo Menschen miteinander leben oder arbeiten, haben sie auch innere Richtlinien, nach denen sie alles beurteilen. Da Sie mit anderen Menschen zusammenleben und -arbeiten, werden Sie von diesen Menschen auch nach deren Richtlinien und Maßstäben beurteilt. Und die können sehr unterschiedlich sein.
Es ist unmöglich, all diese verschiedenen Richtlinien, Maßstäbe und Erwartungen Ihrer Mitmenschen zu erfüllen. Schlicht gesagt: Wir können es nicht immer allen recht machen. Also werden wir auch von Zeit zu Zeit negativ beurteilt. Dabei sagt jedes kritische Feedback im Grunde nur: Du erfüllst in diesem Punkt meinen Maßstab nicht, den ich an dich anlege. Du entsprichst nicht den Vorstellungen und Erwartungen, die ich habe. Mehr sagt ein kritisches, sachliches Feedback nicht.

Mein Tipp

Wenn jemand Ihre Leistungen ablehnt oder sehr negativ beurteilt, lohnt es sich danach zu fragen, nach welchen Kriterien Sie beurteilt werden. Lassen Sie sich von Ihrem Gegenüber erklären, welche Richtlinien oder Normen er hat. Und überprüfen Sie, ob Sie diesen Maßstab übernehmen wollen.

Was wirklich hilft: Nehmen Sie die Kritik nicht persönlich

Es gibt Situationen, da wissen Sie genau, dass gleich eine Rückmeldung auf Sie zukommt. Zum Beispiel wenn der Klassenlehrer Ihrer Tochter Sie zu einem Gespräch in die Schule bittet. Ihre Tochter hat wochenlang den Sportunterricht geschwänzt und Sie haben es nicht gemerkt. Sie ahnen, was der Lehrer zu Ihnen sagen wird. Es wäre doch schön, wenn Sie, bevor das Gespräch beginnt, in Ihre souveräne Feedback-Aufnahme-Haltung gehen könnten.
Ein anderes Beispiel: Ihr Vorgesetzter zitiert Sie ins Büro, um mit Ihnen über Ihre Umsatzzahlen zu sprechen. Die sind leider im letzten Quartal drastisch gesunken. Wollen Sie nägelkauend und mit zitternden Knien in so ein Gespräch gehen? Nein! Es wäre doch auch hier eine große Erleichterung, wenn Sie sich vor der Tür des Chefbüros wappnen könnten, damit die Kritik Ihres Chefs Sie nicht allzu sehr trifft.
Gut geschützt und in einer gelassenen inneren Haltung können Sie eine Kritik leichter aufnehmen und besser verarbeiten.
Da sich viele meiner Teilnehmer so eine gelassene Haltung wünschten, habe ich eine Strategie entwickelt, die das ermög-

licht. Es ist keine Rede-Strategie, es ist eine Seins-Strategie. Ich habe sie den Schutzschild genannt.
Ich wette, Sie kennen Ihren Schutzschild bereits. Sie wussten nur noch nicht, dass Sie ihn absichtlich herstellen können. Ein Schutzschild ist nichts weiter als eine unpersönliche Haltung, die es Ihnen erlaubt, die Kritik rein sachlich aufzunehmen.
Im Alltag führen Sie solche unpersönlichen, rein sachlichen Gespräche, beispielsweise mit Verkäufern, bei denen Sie sich über ein Produkt informieren. Die Informationen, die Ihnen der Verkäufer liefert, nehmen Sie rein sachlich auf. Sie können sich das Ganze anhören und Fragen dazu stellen ohne großes emotionales Tamtam. Sie fühlen sich nicht getroffen.
Sie kennen diese unpersönliche Art, ein Gespräch zu führen, bereits sehr gut. Aber wahrscheinlich sind Sie noch nie vor einem Kritikgespräch absichtlich in diese unpersönliche Haltung gegangen. Möglicherweise haben Sie unbewusst sogar genau das Gegenteil getan. Sie sind vor einem Kritikgespräch in einen sehr persönlichen, verletzlichen Zustand gegangen, weil Sie eine Art Angriff erwartet haben.

Ihr Schutzschild verhindert, dass Sie sich persönlich treffen lassen

Der Schutzschild ist eine unpersönliche innere Haltung, die es Ihnen ermöglicht, sich nur auf die Sache zu konzentrieren. Welchen Eindruck Sie dabei auf andere Leute machen, kümmert Sie nicht. Ob Ihr Gegenüber viel von Ihnen hält oder nicht, auch das ist Ihnen egal. Sie wollen nicht geliebt werden. Sie wollen keine Anerkennung vom anderen. Sie wollen nur die Sache klären.
Bleiben wir noch kurz bei den Beispielen: In Ihrem unpersön-

lichen Zustand, also mit Ihrem Schutzschild, geht es Ihnen nur darum, warum Ihre Tochter den Sportunterricht geschwänzt hat und welche Lösungen es dafür gäbe. Oder wie die gesunkenen Umsatzzahlen zustande gekommen sind, wie Ihr Chef die Sache einschätzt und wie es in Zukunft weitergehen kann. Kurz gesagt: Sie fokussieren die Sache, um die es geht.
Falls Ihr Gegenüber in irgendeiner Weise persönlich wird, winken Sie seine Bemerkungen einfach durch. Sie lassen sich nicht persönlich treffen. Alles, was nichts mit der Sache zu tun hat, prallt an Ihrem Schutzschild einfach ab.

Strategie: So stellen Sie Ihren Schutzschild auf

Wählen Sie ganz bewusst Ihre innere Haltung
Gehen Sie vor einer Rückmeldung oder einem Kritikgespräch ganz bewusst in einen unpersönlichen, sachlichen Zustand.

Lassen Sie sich von Ihrer Vorstellungskraft helfen
Stellen Sie sich vor, Sie hätten eine dicke durchsichtige Scheibe aus Panzerglas vor sich, an der alles abprallt, was Sie verletzen könnte. Ihre Gefühle und Ihr empfindsames Herz sind durch dieses kugelsichere Panzerglas gut geschützt. Das ist Ihr Schutzschild.

Trainieren Sie Ihren Schutzschild in ruhigen Zeiten
Stellen Sie so ein Schutzschild probehalber ein paar Mal vor, bevor Sie ernst machen und damit in ein Gespräch gehen. Sie können Ihren Schutzschild im Alltag wunderbar trainieren. Gehen Sie bewusst in diesen gut geschützten Zustand, bevor Sie in einem Meeting eine Rede halten oder in einem Fachgeschäft für Luxusartikel die Regale durchwühlen. Mit Ihrem Schutzschild haben Sie deutlich weniger Angst, sich vor anderen Leuten zu blamieren.

Klingt die Sache mit dem Schutzschild für Sie ein wenig gefühlskalt? Oder beziehungslos? Ja, da ist etwas dran. Ihr Schutzschild ist der Zustand, in dem Sie nichts persönlich nehmen. Deshalb eignet sich Ihr Schutzschild auch nicht für Liebeserklärungen und andere romantische Situationen. Wenn es in Ihrem Leben persönlich werden soll, dann bitte ohne Schutzschild.

Mit Ihrem Schutzschild sind Sie in einer neutralen, sachlichen und zugleich sehr gut abgegrenzten Haltung. Und genau diese gut abgegrenzte Haltung erlaubt es Ihnen, gelassen zu reagieren, wenn Sie unangenehme Dinge zu hören bekommen. Falls Sie beispielsweise damit rechnen, eine Absage zu bekommen, bauen Sie vorher Ihren Schutzschild auf. Sie können ein Nein besser aufnehmen, wenn Sie sich davon nicht gleich emotional treffen lassen. Das Nein können Sie später verarbeiten, wenn Sie aus dem Gespräch raus sind.

Ihr Schutzschild ist keine dauerhafte Lebenseinstellung. Es ist nur ein Mantel, den Sie sich kurzzeitig überwerfen, wenn Sie fürchten, dass da draußen schlechtes Wetter herrscht. Und falls doch überraschenderweise die Sonne scheint, schadet Ihnen der Mantel nicht. Sie können ihn sofort ausziehen oder anlassen – ganz so, wie Sie es wollen.

Mit der Zeit werden Sie merken, dass Sie durch Ihren Schutzschild mutiger werden. Jetzt wissen Sie, wie Sie jemandem eine peinliche Nachricht überbringen oder wie Sie in einem Fünf-Sterne-Nobelrestaurant um etwas Ketchup bitten können: nicht ohne Ihren Schutzschild.

Die beleidigte Leberwurst

Die Grundeinstellung der beleidigten Leberwurst

Wer beleidigt ist, nimmt alles persönlich. Die anderen Leute machen etwas falsch oder sind respektlos. Und das kann die beleidigte Leberwurst weder verzeihen noch verstehen und schon gar nicht ignorieren. Das Fehlverhalten der anderen ist für sie ein Angriff auf ihre Person. Und das Schmollen ist ihre Form der Gegenwehr und zugleich eine milde Form der Erpressung. Ihre Mitmenschen sollen sich gefälligst anstrengen und alles wieder gut machen, damit die beleidigte Leberwurst aus ihrem schmollenden Schneckenhaus herauskommt. Denn zum Beleidigtsein gehört unbedingt, dass es mindestens von einer anderer Person bemerkt wird.

Die typische Körpersprache der beleidigten Leberwurst

Trauriger bis tragischer Gesichtsausdruck. Die Lippen sind häufig zusammengekniffen, mit der Tendenz zum eingeschnappten Schmollmund. Verschränkte Arme, abwehrende Haltung. Oftmals auch ein trotziger Gang, manchmal gepaart mit dem Knallen von Türen.

So spricht die beleidigte Leberwurst

»Ich hab zwei Rechtschreibfehler gemacht? Wollen Sie damit sagen, ich kann nicht schreiben? Sie müssen mich nicht so behandeln, als wäre ich dumm. Nein, wir beide brauchen nicht weiterzureden. Ich bin restlos bedient!«

»Du kannst am Sonntag nicht zu mir kommen? Damit verletzt du mich wahnsinnig! Du kannst es ruhig zugeben: Im Grunde willst du mich überhaupt nicht sehen. Ich will dich auch nicht mehr sehen! Basta!«

»Ich fühle mich richtig getroffen. Mein Kollege hat mich auf dem Flur nicht gegrüßt. Er hat mich nicht einmal angesehen. Aber der wird sich noch wundern, denn ab jetzt ist der auch nur noch Luft für mich.«

»Alle haben immer nur gesagt, mein Essen würde gut schmecken. Niemand fand es sehr gut. Die sind alle so wahnsinnig unsensibel und auch undankbar. Ich werde nie wieder etwas für andere Leute kochen!«

Wie Sie mit der beleidigten Person am besten umgehen

Jeder Mensch hat das Recht, so lange zu schmollen, wie er möchte. Deshalb: Mischen Sie sich nicht ein, sondern lassen Sie dem Betreffenden Zeit. Sie müssen sich aber auch nicht von dem Beleidigtsein eines anderen Menschen erpressen lassen. Bieten Sie der beleidigten Person an, gemeinsam über die Sache zu reden. Aber versuchen Sie nicht, das Beleidigtsein wegzudiskutieren.

Zeigen Sie dem oder der Beleidigten, dass es möglich ist, die Sache weniger egozentriert zu sehen. Da ist etwas falsch gelaufen, vielleicht gab es tatsächlich einen Fehler oder etwas war mangelhaft. Diese Tatsachen sind vielleicht unangenehm, aber sie sind kein Angriff. Man muss sie nicht persönlich nehmen. Und das Schmollen einer beleidigten Leberwurst müssen Sie auch nicht persönlich nehmen.

Von der Macht des inneren Kritikers

Inzwischen haben Sie bereits viele Strategien und Tipps bekommen, die ihnen helfen, souverän mit dem Feedback anderer Leute umzugehen. Dennoch ist es gut möglich, dass Sie bei bestimmten Themen immer noch hochgradig empfindlich reagieren. Vielleicht können Sie sich souverän (mit Schutzschild) jede Kritik zu Ihrer Arbeitsleistung anhören. Aber sowie jemand Ihre mütterlichen Fähigkeiten kritisiert, gehen Sie an die Decke. Niemand darf Ihnen sagen, dass Sie im Umgang mit Ihren Kindern irgendetwas falsch machen. Da fühlen Sie sich sofort getroffen.
Vielleicht darf man Ihre Kleidung und Ihren Autofahrstil kritisieren. Aber falls jemand nur einen kleinen Kommentar darüber macht, dass Ihr Haupthaar allmählich immer spärlicher wird, sind Sie tief verletzt.
Ihre hohe Verletzlichkeit bei bestimmten Themen hat eine konkrete Ursache: Sie leiden unter dem Geplapper Ihres inneren Kritikers.

Der innere Kritiker ist ein Teil unserer Seele. Jeder Erwachsene hat einen. Bei manchen Menschen ist der innere Kritiker sehr stark ausgeprägt, bei anderen weniger. Sie können Ihren inneren Kritiker leicht erkennen, indem Sie einfach nur auf Ihre Gedanken achten. Wenn Sie sich selbst beschimpfen und sich selbst einen Idioten oder Dummkopf nennen, dann spricht Ihr innerer Kritiker mit Ihnen.
Natürlich haben Sie kein kleines Männchen oder Frauchen in Ihrem Gehirn, das mit Ihnen spricht. Der innere Kritiker be-

steht aus einem Strom von Gedanken, mit denen Sie sich selbst negativ beurteilen. Der Begriff »innerer Kritiker« soll dieses Geschehen nur etwas greifbarer machen.

Kennen Sie die nörgelnde Stimme in Ihren Gedanken?

Manche innere Kritiker sind milde und melden sich nur sehr selten zu Wort. Andere wiederum sind sehr streng, plappern fast ununterbrochen und sind dabei extrem herabsetzend. Sie können das Geplapper Ihres inneren Kritikers sehr leicht erkennen. Wenn Sie über sich selbst nachdenken und Sie fühlen sich anschließend mies, dann hat Ihr innerer Kritiker gesprochen.

Viele von uns bekommen Ihre erste Ladung Selbstkritik am frühen Morgen ab, wenn sie in den Badezimmerspiegel schauen. Wenn wir uns mit Grausen von dem Bild abwenden, das wir da im Spiegel sehen, dann hat der innere Kritiker zu uns gesprochen.

Er liebt es aber auch, hin und wieder Bilanz zu ziehen und uns zu erklären, was wir in unserem Leben alles versäumt und welche grundlegenden Fehlentscheidungen wir getroffen haben.

Die häufigsten Manöver des inneren Kritikers

Der innere Kritiker ...

- ... beschimpft uns und gibt uns abwertende Bezeichnungen (Dummkopf, doofe Nuss, Idiot)
- ... hat ein Langzeitgedächtnis, in dem jeder unserer Fehler gespeichert wird
- ... ist mit unserem Leben und unserer Persönlichkeit generell unzufrieden

... vergleicht uns mit anderen Menschen und lässt uns dabei schlechter abschneiden
... findet immer ein Haar in der Suppe, selbst wenn wir etwas sehr gut gemacht haben
... weckt uns auch gern nachts, um uns an unsere Fehler und Peinlichkeiten zu erinnern
... lässt unsere Leistungen und Erfolge unter den Tisch fallen
... macht uns Schuldgefühle und untergräbt unser Selbstwertgefühl.

Was spielt sich in Ihrem Kopf ab, wenn Sie einen Fehler gemacht haben?

Ob Sie wirklich gelassen mit der Kritik von anderen Leuten umgehen können, hängt sehr stark von Ihrem inneren Kritiker ab. Dieser selbstkritische Gedankenstrom meldet sich gern zu Wort, wenn Sie beispielsweise einen Fehler gemacht haben.

Nehmen wir an, Sie stellen eine Rechnung falsch aus. Sie vergessen es, die Zahlungsfristen anzugeben und rechnen einen Prozentsatz falsch aus. Zum Glück schauen Sie sich die Rechnung noch einmal an, bevor Sie sie abschicken. Ihnen fallen beide Fehler auf.

Ohne den inneren Kritiker würden Sie vielleicht kurz denken: »Oh, das war falsch. Das mach ich schnell noch mal.« Sie waren kurz irritiert, aber jetzt sind Sie wieder auf Ihrem richtigen Kurs.

Schaltet sich aber der innere Kritiker ein, sieht die Sache etwas anders aus. Ihr innerer Kritiker kann keine Fehler entdecken, aber er kann sie kommentieren. Sein Kommentar kann so oder ähnlich klingen: »Oh Gott, ich bin aber auch so was von schusselig. Ich schaff es nicht einmal, so eine dumme

Rechnung zu schreiben. Ich bin zu blöd, um ein paar Prozente auszurechnen. Dieser ganze Rechnungskram ist nicht meine Stärke. Ich krieg das einfach nicht hin. Mist! Jetzt muss ich das alles noch mal machen. Ich hasse das!«

Kennen Sie solche Gedanken? Das ist pures Kritikergeplapper. Der innere Kritiker kann seine Kommentare in der Ich-Form abliefern, wie etwa: »Ich bin echt zu blöd dafür.« Oder in der Du-Form: »Oh Barbara, du bist echt zu blöd, um eine Rechnung zu schreiben!«

Wie würden Sie sich fühlen, nachdem Ihnen solche Gedanken durch den Kopf gegangen sind? Ja, wahrscheinlich entsteht in Ihnen ein innerer Gefühlsklumpen, der aus Ärger, Stress und einem geknickten Selbstwertgefühl besteht. Schlicht: Sie fühlen sich mies. Eigentlich war es nicht der Fehler, der das miese Gefühl bei Ihnen ausgelöst hat. Es war das anschließende Kritikergeplapper, das Sie runtergezogen hat.

Und jetzt stellen Sie sich Folgendes vor: Sie bekommen zu der falschen Rechnung auch noch einen negativen Kommentar von außen. Jemand sagt zu Ihnen: »Na, Sie werden doch wohl so eine einfache Rechnung schreiben können. Wieso klappt das bei Ihnen nicht gleich beim ersten Mal? Können Sie keine Prozente ausrechnen?«

Dieser kurze Kommentar von außen trifft genau in die Kerbe, die der innere Kritiker vorher erzeugt hat. Dadurch gibt es gleich eine doppelte Portion Kritik: Die von innen und die von außen. So entstehen in unserer Seele wunde Punkte.

Warnung

Ein starker innerer Kritiker kann Sie enorm deprimieren und mutlos machen.

Der Kritiker verwundet uns mit seinen Kommentaren von innen her. Kommt noch eine Kritik von außen dazu, die auch in diesen wunden Punkt trifft, ist das Unglück perfekt. Wir sind am Boden zerstört. Wir leiden.
Meistens glauben wir, die Kritik von außen hätte uns so gequält. Und dabei übersehen wir, dass unsere wunden Punkte durch unsere eigene harte Selbstkritik entstanden sind. Unser innerer Kritiker kann uns viel stärker verunsichern, quälen und attackieren als es ein anderer Mensch je tun könnte. Die Kritik von außen dauert meistens ein paar Minuten. In selten Fällen vielleicht eine Stunde. Unser innerer Kritiker wohnt in unseren Gedanken und ist deshalb immer bei uns. Er kann uns praktisch rund um die Uhr attackieren und sein Geplapper kann er in jeder ruhigen Minute unseres Lebens wiederholen.

Doppelter Tiefschlag: Das Geplapper des inneren Kritikers
und die Kritik von außen

Eine kritische Rückmeldung von außen plus eine ungebremste Kritikerattacke von innen – beides zusammen kann uns enorm kränken. Und genau das macht uns so hypersensibel gegenüber der Kritik von anderen Menschen.

Wichtige Frage

? Welche wunden Punkte haben Sie? Bei welchen Themen reagieren Sie sehr empfindlich?

Achten Sie darauf, was die Selbstkritik bei Ihnen anrichtet

Sie können nur mit den Dingen fertig werden, die Sie auch kennen. Deshalb ist es wichtig, dass Ihnen Ihre Selbstkritik bewusst wird. Sie kommen Ihrem inneren Kritiker auf die Spur, indem Sie öfter darauf achten, was Ihnen durch den Kopf geht. Die folgenden Fragen helfen Ihnen zu verstehen, wie dieser Teil Ihrer Seele arbeitet.

Strategie: Lernen Sie Ihren inneren Kritiker kennen

Lesen Sie sich jede einzelne Frage durch und denken Sie ein wenig darüber nach, bevor Sie zur nächsten gehen.

- Beschimpfen Sie sich manchmal in Gedanken? Wenn ja, dann spricht Ihr innerer Kritiker mit Ihnen. Mit welchen Worten schimpft er am liebsten?
- Gibt es etwas an Ihrem Aussehen, das Ihr innerer Kritiker immer wieder bemängelt? Was ist das genau? Wie fühlen Sie sich, nachdem Ihr innerer Kritiker Ihr Aussehen kritisiert hat?
- Vergleicht Ihr innerer Kritiker Sie mit Leuten, die in irgendeinem Punkt besser sind als Sie? In welchen Bereichen (Job,

- Leistung, Liebesbeziehung, Aussehen, Geld verdienen, Familie, Verwandtschaft, Berühmtsein etc.) vergleicht Ihr innerer Kritiker Sie mit anderen Leuten?
- Gibt es bestimmte Themen (z.B. Schulbildung, Partnerschaft, Einkommen, Alter, Aussehen, Fähigkeiten, frühere Entscheidungen), auf denen Ihr innerer Kritiker immer wieder herumreitet? Merken Sie, dass Sie bei diesen Themen leicht verletzbar sind, wenn ein anderer Mensch Sie darauf anspricht?
- Neigt Ihr innerer Kritiker dazu, Sie an alte Fehler zu erinnern? Welche Fehler kramt Ihr innerer Kritiker gern wieder hervor? Wie fühlen Sie sich dabei?
- Was kritisiert Ihr innerer Kritiker am häufigsten an Ihrer Persönlichkeit? Gibt es Verhaltensweisen, die er überhaupt nicht an Ihnen mag? Wie fühlen Sie sich, nachdem der innere Kritiker Sie für Ihr Verhalten kritisiert hat?
- Neigt Ihr innerer Kritiker dazu, Ihr gesamtes Leben zu kritisieren? Wenn ja, was genau gefällt ihm nicht? Wie fühlen Sie sich, wenn Ihr innerer Kritiker Ihr Leben kommentiert?
- Letzte Frage: Sind Sie je auf die Idee gekommen, dieses ganze Kritikergeplapper infrage zu stellen?

Wenn die eigene Leistung plötzlich nichts mehr wert ist

Ich höre in meinen Trainings und Workshops viele Geschichten von Leuten, die in ihrem Alltag hin und wieder ein unsachliches Feedback abbekommen. Die nachfolgende Geschichte hat mir eine Frau erzählt, die bereits lange als Kundenberaterin gearbeitet hat.

Ein Kunde sagte mitten im Gespräch zu ihr: »Ich wundere mich, dass Sie als Frau so viel von Technik verstehen. Wo

doch das Gehirn von Frauen viel kleiner ist, als das der Männer.«
Die Frau hat – ohne lange nachzudenken – geantwortet: »Na, da haben Sie so einiges, über das Sie sich wundern können. Kommen wir jetzt zurück zu dem Produkt, für das Sie sich interessieren.« Anschließend hat sie ganz normal mit dem Kunden weitergeredet.
Ich finde, diese Frau ist mit der unsachlichen Bemerkung des Kunden gut umgegangen. Sie hat die seltsame Bemerkung mit einer kurzen, beleidigungsfreien Antwort quittiert. Anschließend ist sie ohne Reibungsverlust wieder zurück zur Sache gekommen. Sie hat das alles spontan aus dem Ärmel geschüttelt. Hut ab! Eine gute Leistung.
Aber als diese Frau mir davon erzählte, war sie voller Selbstzweifel. Sie war mit ihrer Antwort überhaupt nicht zufrieden. Sie fand, ihre Reaktion sei doof gewesen. Sie wollte unbedingt besser werden, intelligenter antworten und sich nicht mehr alles gefallen lassen.
Ahnen Sie, was hier passiert ist?

Wie die Selbstzweifel entstehen

Die Frau hat die unsachliche Bemerkung des Kunden so gut es ihr möglich war beantwortet. Das eigentliche Drama begann erst anschließend. Erst später, als sie über das Kundengespräch nachdachte, fing sie an, an sich zu zweifeln. Denn jetzt meldete sich ihr innerer Kritiker zu Wort. Und da sie keine Ahnung von diesem Gedankenstrom hatte, war sie ihm komplett ausgeliefert. Sie hat alles geglaubt, was ihr durch den Kopf ging.
Ihr innerer Kritiker sorgte dafür, dass die Szene mit dem Kunden vor ihrem geistigen Auge immer wieder ablief. Stän-

dig dachte sie darüber nach, welche Antworten besser gewesen wären. Ihr innerer Kritiker schimpfte abwechselnd über den blöden Kunden und dann wieder über sie. Sie hätte viel souveräner antworten müssen – das meinte jedenfalls ihr innerer Kritiker.
Am Ende war die Kritikerattacke, die diese Frau im Kopf durchmachte, sehr viel härter als das, was der Kunde zu ihr gesagt hatte. Jetzt fühlte sie sich niedergeschlagen und verletzt. Es war nicht der Kunde, der sie so verletzt hat. Es war ihr innerer Kritiker, der sie anschließend mit seinen Kommentaren runtergezogen hat. Wie schon gesagt: Es ist nicht die Wirklichkeit, die uns zu schaffen macht, sondern das, was wir darüber denken.

Mein Tipp

Achten Sie auf Folgendes: Sie werden im Alltag mit einer Schwierigkeit gut fertig, indem Sie spontan reagieren. Aber später, während Sie darüber nachdenken, kommen Ihnen Zweifel. Sie sind unzufrieden mit dem, was Sie getan haben. Das ist eine Attacke Ihres inneren Kritikers, der Ihre Leistungen im Nachhinein schlecht macht.

Die ganze Sache hatte für diese Frau noch eine tragische Auswirkung. Nachdem ihr innerer Kritiker sie heftig attackiert hatte, war sie extrem verunsichert. Jetzt war sie der Meinung, sie könne nicht gut mit Kunden umgehen, besonders dann nicht, wenn diese Kunden schwierig werden. Und genau das erzählte sie auch ihren Kollegen. In der Firma entstand so der Eindruck, sie hätte Probleme mit den Kunden.
Durch dieses Image geriet sie beruflich ins Hintertreffen. Als es in der Firma darum ging, einen erfahrenen Kundenberater zu finden, der die Abteilung leitete, stand sie nicht auf der

Liste. Sie galt zwar als tüchtige, zuverlässige Mitarbeiterin, aber im Umgang mit den Kunden schien sie, nach ihren eigenen Angaben, noch sehr unsicher zu sein. Sie wurde nicht befördert. Das passierte ihr, obwohl sie in Wirklichkeit sehr gute Kundengespräche führte. Ihr Problem waren nicht die Kunden. Es waren die harten Kommentare des inneren Kritikers, durch die sie sich verunsichert fühlte.

Warnung

Die Attacken Ihres inneren Kritikers können Ihre Karriere gefährden.

Wie der innere Kritiker Anerkennung vernichtet

Ein ungebremster innerer Kritiker entzieht uns vor allem Anerkennung. Wir können nicht mit unserem Leben zufrieden sein, solange der innere Kritiker sein Gemecker ungebremst über uns ausgießt. Die Anerkennung, die uns diese kritische innere Stimme entzieht, versuchen wir oft durch andere Leute zu bekommen. Allerdings ist es nicht einfach, die Anerkennung von anderen Menschen auch wirklich anzunehmen. Falls wir gelobt werden oder ein Kompliment bekommen, wird unser innerer Kritiker sofort misstrauisch. Sein Motto lautet: »Wer dich lobt, kennt dich einfach noch nicht gut genug. Wer dich wirklich durch und durch kennt, würde dich nie und nimmer loben.«
Der innere Kritiker vernichtet die Anerkennung von außen, indem er uns kurz mal an das erinnert, was wir bisher schon alles falsch gemacht haben. Er zeigt uns unsere Schwächen

und neutralisiert damit jedes Lob und jedes Kompliment. Und so hungern wir nach Bestätigung, die uns der innere Kritiker immer wieder wegnimmt.

Mein Tipp

Achten Sie darauf, was bei Ihnen passiert, wenn Sie gelobt werden oder ein Kompliment bekommen. Üben Sie sich darin, die Anerkennung von anderen einfach nur anzunehmen, ohne sie abzuschwächen oder zu widerlegen.

Woher kommt die ganze Selbstkritik?

Der innere Kritiker entsteht in der Kindheit. Kleine Kinder lernen im Laufe ihrer Entwicklung, sich schrittweise selbst zu kontrollieren. Dabei verinnerlichen sie die Botschaften ihrer Bezugspersonen. Das sind Ratschläge und Mahnungen, aber auch Sätze wie »Was hast du da nur wieder für einen Blödsinn angerichtet!« »Mit dir hat man nur Scherereien«, »Hör auf! Das kannst du nicht.« Solche und ähnliche Bewertungen prägen sich im Gehirn des Kindes ein und daraus erwächst im Laufe der Jahre der innere Kritiker. Das ist ein ganz normaler Vorgang, den wir alle durchlaufen haben.

Dieser kritische Gedankenstrom versucht das fortzusetzen, was die Eltern und andere Bezugspersonen begonnen haben: Er versucht, uns in die richtige Richtung zu lenken. Und das tut er mit den Mitteln, die er von den Bezugspersonen gelernt hat. Kein Wunder, dass so mancher innere Kritiker fast mit den gleichen Worten schimpft, die früher auch Mutter oder Vater benutzt haben.

Allerdings hat unser innerer Kritiker im Laufe unseres Er-

wachsenenlebens auch noch einiges hinzugelernt. Heute geht es ihm nicht ausschließlich darum, dass wir manierlich am Tisch sitzen und ohne zu kleckern ruhig essen. Nein, unser innerer Kritiker kritisiert uns heute auch, weil wir nicht genug aus unserem Leben machen, zu viele Termine haben, zu wenig Termine haben, keine Lust haben, zu ehrgeizig sind, zu wenig Sport treiben, zu viel Schokolade essen, einen zu dicken Bauch haben, zu wenig im Beruf vorankommen, immer älter und faltiger werden, zu viel fernsehen, keinen Partner haben, den falschen Partner haben und vieles andere mehr.
Der innere Kritiker will uns zu einem besseren Menschen machen. Und damit sind wir bei der Grundüberzeugung des inneren Kritikers gelandet. In seinen Augen sind wir unzureichend und fehlerhaft. Und er ist bereit, uns das jederzeit zu sagen. Mit jeder Kritikerattacke untergräbt er unser Selbstwertgefühl. Die Formel lautet: Je größer der innere Kritiker, umso kleiner das Selbstwertgefühl.

Was wirklich hilft: Glauben Sie Ihrem inneren Kritiker nicht mehr

In diesem Buch kann ich nicht mehr tun, als Sie auf die Manöver des inneren Kritikers aufmerksam zu machen. Vielleicht sorgen diese Hinweise dafür, dass Ihnen Ihr Kopftheater bewusst wird. Bewusstheit ist der Schlüssel, um weniger unter dem inneren Kritiker zu leiden.
Und jetzt kommt die Frage, auf die Sie vielleicht schon gewartet haben: Wie wird man mit dem inneren Kritiker fertig? Zuerst die schlechte Nachricht: Sie werden ihn nicht los. Der innere Kritiker besteht aus Gedanken, die Ihnen durch den Kopf gehen. Falls Sie anfangen, sein Geplapper zu bekämp-

fen, wird die Sache noch schlimmer. Sie würden sich dafür kritisieren, dass Sie Kritikergedanken haben. Aber wer in Ihnen würde Sie dafür kritisieren, dass Sie einen inneren Kritiker haben? Der innere Kritiker natürlich. Den Kritiker zu bekämpfen wäre nichts weiter als ein Kritiker, der sich selbst kritisiert. Gewissermaßen ein Kritiker im Quadrat.

Die gute Nachricht: Das Geplapper Ihres inneren Kritikers besteht nur aus Gedanken, mehr nicht. Sie müssen nicht alles glauben, was Ihnen durch den Kopf geht.

Mit dem inneren Kritiker gehen Sie am besten so um, wie Sie äußerlich auch mit einer unbrauchbaren Kritik umgehen würden: drüberstehen und sich nicht darin verwickeln. In dem Moment, in dem Sie Ihren inneren Kritiker bewusst wahrnehmen und ihm nicht mehr glauben, verliert er seine Macht über Sie.

Strategie: Wie Sie Ihren inneren Kritiker zähmen können

Lernen Sie die Hauptangriffspunkte Ihres inneren Kritikers kennen

Innere Kritiker lieben es, sich zu wiederholen. Sie haben immer dieselben Punkte, auf denen sie herumreiten. Sie stechen immer in die gleichen Wunden rein. Das sind genau die Punkte, bei denen Sie sehr leicht verletzbar sind. Egal, wie Ihr Leben verläuft, es gibt bestimmte Themen, die Ihr Kritiker wieder und wieder hervorholt. Welche sind das bei Ihnen?

Hören Sie auf, Ihrem Kritiker zu glauben

Das ist der allerwichtigste Punkt: Geben Sie ihm keine Aufmerksamkeit mehr. Weil Sie Ihrem inneren Kritiker immer wieder zuhören und ihm auch noch glauben, kann er sich bei Ihnen ungebremst austoben. Entziehen Sie dem inneren Kritiker Ihre Aufmerksamkeit. Nicht bekämpfen, sondern einfach nicht mehr hinhören. Noch einmal: Ihr innerer Kritiker kann Ihnen nicht helfen. Er kann Sie nur schlechtmachen.

Schreiben Sie auf, was Ihnen durch den Kopf geht

Wenn Sie unter heftigen Kritikerattacken leiden, kann es hilfreich sein, dass Sie die Attacken Wort für Wort aufschreiben. Führen Sie eine Art Kritikertagebuch. Schreiben Sie jedes Mal oben auf die Seite *Der innere Kritiker behauptet* und dann kommt der wörtliche Text, den er abspult. Das Aufschreiben hat den Vorteil, dass Ihr Kritiker sich nicht immer wiederholen muss. Wenn er das nächste Mal wieder davon anfängt, können Sie die Sache abbrechen, weil Sie seine Predigt bereits kennen und nachlesen können.

Achten Sie auf Sendezeiten des inneren Kritikers

Die meisten inneren Kritiker haben einen bestimmten Rhythmus. Sie melden sich nach einem regelmäßigen Muster zu Wort. Achten Sie darauf, zu welchen Zeiten Ihr innerer Kritiker aufdreht. Beispielsweise nach einem Gespräch mit dem Chef, wenn Sie allein zu Hause sind, wenn Sie bei Ihren Eltern zu Besuch waren, nach einer anstrengenden Shoppingtour. Gibt es ganze Wochen im Jahr (z.B. zu den Festtagen), in denen Sie eher mit einer Kritikerattacke rechnen müssen? Stellen Sie fest, wann Ihr Kritiker Hochkonjunktur hat. Es ist wichtig, dass Sie sich besonders zu diesen Zeiten wappnen, um nicht von einer Kritikerattacke überrollt zu werden.

Selbstfürsorge statt Selbstbeschimpfung

In den Zeiten, in denen Ihr innerer Kritiker auf Sendung geht, brauchen Sie etwas. Sie brauchen – grob gesagt – mehr Selbstfürsorge. Sie fühlen sich womöglich schlapp und müde. Und genau dann schlägt Ihr Kritiker zu und zieht Sie noch weiter runter. Sie brauchen jetzt eine Form von Fürsorge, durch die Sie wieder nach oben kommen. Im Grunde brauchen Sie eine gute Bemutterung – und dafür ist nur eine Person zuständig: Das sind Sie. Lernen Sie, wie Sie sich in den Flauten Ihres Alltags gut bemuttern können. Es ist Ihr Job herauszufinden, was Sie konkret brauchen. Dabei werden Sie auch entdecken, wie Sie sich für Ihre Bedürfnisse Zeit nehmen können.

Sie werden Ihren inneren Kritiker nicht ganz und gar abstellen können. Denn er ist entstanden aus der Kritik, die sich schon seit Ihrer Kindheit in Ihrem Gehirn eingenistet hat. Genauer gesagt: Er ist ein verinnerlichtes Muster in Ihrem Denken. Sie können Ihr Denken nicht abschaffen, aber Sie können es loslassen und ihm immer weniger Beachtung schenken.

Ohne das Kritikergeplapper sind Sie viel selbstsicherer

Es ist eine enorme Erleichterung, wenn Ihnen bewusst wird, dass Sie viel mehr sind, als Ihr innerer Kritiker je begreifen wird. Dieser kritische Gedankenstrom kann niemals erfassen, wer Sie wirklich sind. Er kann Sie nicht beurteilen, obwohl er das täglich tut. Er weiß nicht, was für Sie richtig und passend ist. Er weiß nicht, was Sie glücklich macht.

Es gibt einen Moment, in dem Sie merken, wie dumm und ahnungslos Ihr innerer Kritiker ist. In diesem Moment können Sie nur noch lachen.

Wenn Sie anfangen, das Geplapper Ihres inneren Kritikers nicht mehr zu glauben, wird es allmählich leiser. Manchmal verstummt es ganz von selbst. Ihr Leben wird sich dann wesentlich leichter anfühlen. Sie fühlen sich ruhiger und haben mehr Selbstsicherheit. Bei allem Neuen, das Sie ausprobieren (und bei dem Sie auch Fehler machen können), müssen Sie sich nicht mehr vor den Kritikerattacken fürchten. Während Ihr innerer Kritiker leiser wird, werden Sie mutiger.

Ein tüchtiger innerer Kritiker wird allerdings nicht so schnell aufgeben. Immerhin ist er ein Denkmuster, das in Ihrem Kopf eine sehr, sehr lange Tradition hat. Wahrscheinlich waren Sie ihm bisher immer treu und haben ihm alles geglaubt. Also wird er Ihnen gegenüber auch treu sein und gern noch einmal das Wort ergreifen. Wie gesagt, versuchen Sie nicht, ihn mit mehr Kritik zu bekämpfen. Das funktioniert nicht.

Machen Sie sich bewusst, was sich gerade in Ihrem Kopf abspielt und dann lassen Sie die Kritikergedanken einfach los. Hören Sie nicht mehr zu. Richten Sie Ihre Aufmerksamkeit woanders hin.

Das Loslassen des inneren Kritikers funktioniert dann am besten, wenn Ihnen klar ist, dass dieses Denkmuster für Sie keine Vorteile hat. Schauen Sie genau und stellen Sie fest, was Sie von Ihrem inneren Kritiker bekommen: Der innere Kritiker motiviert Sie nicht, er deprimiert Sie. Er hilft Ihnen nicht, einen Fehler zu finden, er schimpft nur über Ihre Fehler.

Es ist so, wie das Sprichwort schon sagt: Wer einen starken inneren Kritiker hat, braucht keine äußeren Feinde mehr.

Auch die Selbsthilfe hat ihre Grenzen

Noch ein wichtiger Hinweis von mir: Ich gebe meinen Leserinnen und Lesern gerne Tipps, wie sie sich selbst helfen können. Aber auch die Selbsthilfe hat ihre Grenzen. Manche Menschen haben einen äußerst destruktiven inneren Kritiker. Sein Kritikergeschwätz kann vernichtend wirken. Es besteht aus Gedanken wie diesen: »Ich bin ein totaler Versager.« »Mein Leben ist verpfuscht.« »Es wäre besser, wenn ich nicht da wäre.« »Ich bin für alle nur eine Last.« »Ich habe alles falsch gemacht.« »Ich werde nie glücklich sein.« Oft verbindet der innere Kritiker solche Gedanken mit Erinnerungen an frühere Schicksalsschläge oder alte Fehler, die gemacht wurden. Glaubt die betreffende Person nun ernsthaft an das, was ihr der Kritiker präsentiert, kann sie in ernste Schwierig-

keiten geraten. Solche starken Kritikerattacken können Depressionen, Suchterkrankungen und Selbsttötungstendenzen auslösen. Menschen, die davon betroffen sind, brauchen unbedingt professionelle Hilfe, z.B. durch Psychotherapie.
Es gibt auch Menschen, die von einem gewalttätigen inneren Kritiker beherrscht werden und der dabei auch über andere Leute herfällt, etwa mit Gedanken wie diesen: »Da helfen nur noch Prügel.« »Wenn der (oder die) mir noch mal dumm kommt, dann hau ich zu.« »Den könnte ich echt umbringen.« Wenn das Risiko besteht, dass aus diesen Kritikerkommentaren wirkliche Taten werden, ist auch hier unbedingt eine professionelle Hilfe notwendig.

Wenn der innere Kritiker immer leiser wird

Irgendwann wird Ihnen vollkommen bewusst werden, dass Sie von Ihrem inneren Kritiker keine brauchbaren Informationen bekommen. Wenn Ihnen das restlos klar ist, können Sie diesen Strom der Gedanken einfach laufen lassen, ohne sich darum zu kümmern, so wie eine Fernsehsendung über den Weihnachtsmann, die Sie auch nicht weiter ernst nehmen müssen.
Nach einiger Zeit passiert etwas Interessantes mit dem inneren Kritiker. Weil Sie ihm nicht mehr so leidenschaftlich zuhören, meldet er sich seltener zu Wort. Durch Ihr Desinteresse wird er leiser, oft auch milder.

Wichtige Frage

? Was würden Sie sofort in Angriff nehmen, wenn Ihr innerer Kritiker still bleibt und Sie nicht mehr attackiert?

Nein, er verschwindet nicht. Wenn es in Ihrem Leben hoch hergeht, Sie in eine Krise geraten oder Ihr Leben sich stark verändert, ist er wieder voll da. Aber jetzt sind Sie größer als Ihr innerer Kritiker. Sie können das Kritikergeschwätz in Ihrem Kopf bewusst registrieren und erkennen, dass es Ihnen mehr schadet als nützt. Lassen Sie den Strom der Gedanken einfach fließen, bis er von selbst aufhört. Das geht schneller, wenn Sie keinen Widerstand leisten. Erinnern Sie sich daran: Ihr innerer Kritiker besteht nur aus einem Strom von Gedanken. Und Sie sind so viel mehr, als Ihr Denken je erfassen kann.
Das ganze Thema Kritik (das Austeilen und das Einstecken) wird viel leichter für Sie, wenn Sie Ihren inneren Kritiker gezähmt haben. Sie können anderen Menschen ein sehr viel sachlicheres Feedback geben, wenn Sie nicht aufgeputscht sind von dem wilden Geschimpfe Ihres inneren Kritikers. Und Sie stellen sich der Kritik Ihrer Mitmenschen sehr viel mutiger, wenn Sie nicht fürchten müssen, auch von Ihrem inneren Kritiker attackiert zu werden.

Kritik selbstsicher aufnehmen – das geht am besten, wenn der innere Kritiker eine Sendepause hat

Indem Sie Ihre eigene Selbstkritik bewusst handhaben, werden Sie im Umgang mit anderen Menschen sehr viel souveräner und gelassener. Sie wissen jetzt, wo Ihre Kritikempfindlichkeit entsteht: in Ihrem Kopf.
Die wichtigsten Verbesserungen in unserem Leben bestehen nicht darin, dass wir andere Leute verändern. Die wichtigsten Verbesserungen finden in unserem eigenen Kopf statt.

Schlusswort

Es gibt zwei Ermutigungen, die ich Ihnen mit auf den Weg geben möchte:
Die erste Ermutigung lautet: Sagen Sie deutlich, was Sie stört. Und ermuntern Sie Ihre Mitmenschen, das Ihnen gegenüber auch zu tun. Ohne diese Rückmeldungen würden wir alle in dem feststecken, was wir uns einbilden. Um wirklich zu wissen, was los ist, brauchen wir kritische Rückmeldungen von unseren Mitmenschen. Und damit sorgen wir auch dafür, dass unsere Beziehungen funktionieren und geschmeidig bleiben. Sie können Vorbild für andere sein und damit anfangen, die Störungen beim Namen zu nennen. Sie können aufhören, Kröten zu schlucken.

Die zweite Ermutigung lautet: Lassen Sie sich von der Kritik Ihrer Mitmenschen ernähren. Jede brauchbare Kritik können Sie so auswerten, dass sie am Ende ein Geschenk für Sie ist. Sie erfahren etwas über Ihre Schwachstellen und Fehler. Und Sie lernen die Maßstäbe und Erwartungen der Menschen kennen, die Ihnen wichtig sind. Ziehen Sie diese Nährstoffe aus der Kritik heraus. Lassen Sie sich davon bereichern. Und die unbrauchbare Kritik? Die können Sie getrost beiseitelegen, ohne sich dabei großartig aufzuregen. Sie können ganz gelassen die Spreu vom Weizen trennen.

Ich wünsche Ihnen dabei von Herzen alles Gute.

Ihre Barbara Berckhan
www.barbara-berckhan.de

Literaturempfehlungen

Berckhan, Barbara: *Judo mit Worten. Wie Sie gelassen Kontra geben.* Kösel-Verlag, 3. Aufl. 2009

Berckhan, Barbara: *Einfach selbstsicher. Das Soforthilfe-Programm für mehr Gelassenheit und Souveränität.* Gräfe und Unzer, 2007.

Berckhan, Barbara: *Sanfte Selbstbehauptung. Die 5 besten Strategien, sich souverän durchzusetzen.* Kösel-Verlag, 4. Aufl. 2008

Berckhan, Barbara: *Lieber das Blatt wenden als dauernd im Frust enden. Die Strategie für den persönlichen Aufschwung.* Kösel-Verlag, 2004

Byron, Katie; Katz, Michel: *Ich brauche deine Liebe – stimmt das? Liebe finden, ohne danach zu suchen.* Goldmann Verlag, 3. Aufl. 2008

Dwoskin, Hale: *Die Sedona Methode. Wie Sie sich von emotionalem Ballast befreien und Ihre Wünsche verwirklichen.* VAK Verlag, 3. Aufl. 2008

Greenberger, Dennis; Padesky, Christine A.: *Gedanken verändern Gefühle.* Junfermann Verlag, 2007

Huber, Cheri: *Nichts an dir ist verkehrt. Ungewöhnliche Wege zur Selbstakzeptanz.* Kösel-Verlag, 4. Aufl. 2007

Huber, Cheri: *Leiden ist deine Entscheidung. Auf dem Weg zur inneren Freiheit.* Kösel-Verlag, 2005

Pásztor, Susann; Gens, Klaus-Dieter: *Mach doch…was du willst! Gewaltfreie Kommunikation am Arbeitsplatz.* Junfermann Verlag, 2005

Rosenberg, Marshall B.: *Das können wir klären! Wie man Konflikte friedlich und wirksam lösen kann.* Junfermann Verlag, 2.Aufl. 2007

Roth, Gerhard: *Persönlichkeit, Entscheidung und Verhalten. Warum es so schwer ist, sich und andere zu ändern.* Klett-Cotta, 5. Aufl. 2008

Schulz von Thun, Friedemann; Ruppel, Johannes; Stratmann, Roswitha: *Miteinander reden: Kommunikationspsychologie für Führungskräfte.* Rororo TB, 9.Aufl. 2003

Thomann, Christoph: *Klärungshilfe 2. Konflikte im Beruf. Methoden und Modelle klärender Gespräche.* Rororo TB, 2004